わたしの二都物語
ジャカルタ、北京

杉本万里子
SUGIMOTO Mariko

論創社

はじめに

「変ジャパ」――中国から帰国したばかりの二〇代の頃、周りからそんな目で見られている空気を察した。「普段、何語で考えているの」と聞かれるたびに、珍しがられているな、と思った。

変ジャパとは、日本生まれだが、海外生活が長くて日本の常識に疎く、日本で生まれ育った「純ジャパ」からしたら「なんとなく変な日本人」のことだ。当時、帰国子女の間で流行った隠語のようだ。

帰国子女と言えば、あの頃は先進国から帰国した「欧米組」がほとんどで、発展途上のアジアからの帰国子女、ましてや、わたしのように社会主義の中国から帰ってきた子女は超変わり種だった。

東京オリンピックの翌年（一九六五年）、わたしは、父親の仕事の関係でインドネシアの首都ジャカルタに行き、わずか七カ月の滞在であったが、現地の小学校に通った。その後、ジャカルタから直接、まだ日本と国交すらなかった中国に渡り、大学卒業まで青春時代を北京で過ごした。

ジャカルタでは、軍内部のクーデター未遂事件が共産党員や華人らへの弾圧、さらには大虐殺につながった「九月三〇日事件」に巻き込まれた。北京では、一〇年に及んだ「プロレタリア文化大革命」を目のあたりにした。革命教育をたっぷり受け、赤い表紙の毛沢東語録を振りかざしていた。

大げさに表現すれば、思春期に入り始める小学生の終わりから、社会人の入り口に差し掛かる多感な時期に革命の奔流に巻き込まれた。あの頃を振り返ると、そういう思いがこみ上がる。

どうして、そんなことになったのか。父母とわたしが文革の火がついた北京で暮らすことになった経緯を手短に話しておこう。

父は当時、ジャカルタに本部を構えていた「アジア・アフリカ・ジャーナリスト協会」(AAJA)という国際NGOで働いていた。欧米メディアに対抗し、脱植民地化と真の独立を夢見るアジア・アフリカ諸国のジャーナリストのネットワークをつくり、交流・連帯を促進することに奔走していた。ところが、九・三〇事件が勃発し、AAJA本部の活動も軍による監視・干渉を受けるようになり、やがて、本部を北京へ移転せざるを得ない状況に追い込まれたのだ。

この本は、革命の流れのなかで無邪気な子どもが、二つの異なる国で成長する姿を描いている。日本人少女の目は、何をとらえ、どんなことを感じ取ったのか。学校生活は、級友や友人との付き合いは、庶民の暮らしと心情は、昔なじみとの再会は……。自分史の観点から激動の時代を掘り下げてみた。

その際、AAJAの盛衰についてもページを割いた。私たち親子をジャカルタと北京に導き、良くも悪くも、わたしの運命を決した組織だからだ。AAJAについては、幼少期の頃は気にもとまらず、どんな活動をしていたのか知らなかったが、調べているうちに、いまは存在しない、この幻のジャーナリスト組織が自分の「原点」のような存在であると思うようになった。

九・三〇事件や文革については、すでに数え切れないほどの書物が出ている。政治・経済のアカデミックな文献だけでなく、庶民の視点から書かれた歴史書や市井の人たちの体験談なども多い。

それなのに、なぜ、敢えて筆を執ってみようと思ったのか。

実家の地下収納庫と二階の書庫に埋もれていた手紙を見つけたからだ。わたしが約半世紀前、ジャカルタと北京から東京の兄と姉にあてた手紙が約二五〇通、父と母が綴った手紙も一〇〇通近く残っていた。父が一九八〇年まで一六年間、毎日、丹念に書き続けた英字日記も残っていた。どれも几帳面な姉が捨てずにとっておいたのだ。わたしにとっては、まさに「お宝」だった。

さらには、ＡＡＪＡ発行の英字機関誌と報告書類など「一次資料」も積み重ねられていた。セピア色に変色し、いまにも破れそうな内部会議の議事録まで見つけた。この国境を越えたジャーナリストの団体についての研究は皆無に近いので、とても貴重な「発見」だと言えるだろう。

ほこりまみれの「資料」を整理し、つき合わせる作業は楽ではないが、このまま埋もれたままにしておくのは忍びない。日本人少女の手紙が映し出す激動の時代の記録でも世に問えば、後世に役立つことがあるかもしれない。ざっと調べた限りでは、そんな記録をもとに書かれた本は見当たらない。少なくとも、何もしないよりはましだ、と思うようになった。

パソコンもスマホもなく、手書きの手紙が主流だった当時、わたしは、異国での体験を兄と姉に伝えたい一心で、イラストをつけてせっせと書いていた。一通あたり便せん三～五枚が細かいペン字でびっしり詰まっている。

いま読み返すと、消えかけた記憶がよみがえってくる。級友や先生、街の人びとの息づかいが聞こえてくる。そして、忘れがたき友が心の中に居続けていることに気づき、胸がいっぱいになった。

では、前置きはこれぐらいにして、「わたしの二都物語」の幕を開けることにしよう。

始まりは、いまから五八年前（一九六五年）の春、インドネシアの自然豊かな避暑地ボゴール、大統領宮殿で催された昼食会からである……。

わたしの二都物語——ジャカルタ、北京　目次

はじめに

第Ⅰ部　ジャカルタ滞在記【一九六五年四月一五日〜六五年一一月一四日】

第Ⅱ部　北京滞在記【一九六五年一一月二一日〜七八年一月一〇日】

第Ⅰ部　ジャカルタ滞在記【一九六五年四月一五日〜六五年一一月一四日】

文中に頻繁に出てくる「手紙」とは、断りのない限り、著者が
東京で暮らしていた兄と姉に宛てた手紙を指す。

第1章　ダサワルサ（バンドン会議一〇周年記念行事）

1　大統領夫妻主催の昼食会

常夏の青空と緑の芝生に映える白亜の宮殿が、いまもまぶたに焼きついている。不思議なことに、半世紀以上も昔のことなのに、あのときのカラフルな光景は鮮明に覚えている。

一九六五年四月二〇日、ジャカルタの南約六〇キロにあるボゴールの大統領宮殿（イスタナ・ボゴール）。インドネシア建国の父、スカルノ大統領とハルティニ第二夫人が正面ホール前に並び、隣接するボゴール植物園の見学を終えたゲストを笑顔で迎え入れていた【1―1】。

昼食会の会場は、大統領夫妻に招かれたアジア、アフリカ各国の代表やジャーナリストらであふれかえっていた。豪勢なインドネシア料理を食べながら歓談している。インドネシアの民族衣装をまとった若くて美しい女性たちがあちこちに並び、会場に華を添えている【1―2】。

両親に連れられて宮殿に入ったわたしは、初めて見る異文化交流の場景に別世界を見せられた気がした【1―3】。

【1—1】　ボゴール宮殿でゲストを迎え入れるスカルノ大統領とハルティニ夫人（1965 年4月20日）

【1—2】　レセプション会場の女性たち

　このレセプションは、一七日に始まったバンドン会議一〇周年記念行事「ダサワルサ」の一環であった。翌日の記念大集会に出席するため、中国の周恩来首相、北ベトナムのファン・バンドン首相、北朝鮮の金日成首相ら約四〇カ国の代表と、今風に言えば、非政府組織（ＮＧＯ）の代表が続々とジャカルタ入りしていた。期間中は、メインの大集会のほか、展覧会やアジア・アフリカ民族舞踊の夕べなど、大小さまざまな文化イベントが催され、街全体がお祭り気分になっていた。

　わたしと母は、前年七月に「アジア・アフリカ・ジャーナリスト協会」（ＡＡＪＡ）の書記としてジャカルタに単身赴任していた父と会うため、約二週間の旅程でインドネシアにやってきた。「めったに見られな

【1—3】　ボゴール宮殿で両親と一緒に記念撮影（1965年4月20日）

い行事もあるし、見物がてら会いに来ないか」ということだったらしい。

ダサワルサに合わせて一五日、私たちは、羽田空港からガルーダ航空に乗って日本を飛び立った。

初めて乗る旅客機と、未知の国で父と再会することにわくわくしていた。いまと違い、あの頃の日本人は海外旅行となると、きちっと正装していた。まだ肌寒い東京から旅立つ私たち親子は、赤道直下の国に行くというのにコートを着ていた。母は皇族の方々が公式の場でかぶるような帽子をかぶり、わたしも当時流行っていた少女の帽子をかぶり、ちょっとおすましした格好だった。

このとき、わたしは一〇歳、小学四年生になったばかりだった。まさか、自分の人生が「第三世界」のアジア・アフリカ（ＡＡ）運動の渦に巻き込まれることになろうとは思いもしなかった。

2　第三世界とバンドン精神

当時、アジア・アフリカの新興独立諸国の間で「第三世界」という自覚が芽生え、広がりを見せていた。

第三世界とは、アメリカが主導する西側資本主義陣営の「第一世界」と、ソ連主導の東側社会主義陣営の「第二世界」のどちらにも属さない旧植民地諸国を指す。この言葉には、フランス革命で「第三身分」（ブルジョワ）が台頭したように、独立を勝ち取って間もないＡＡ諸国が、まだ国力は脆弱でも新興勢力として団結すれば、第一世界も第二世界も無視できない存在になれる、という期待が込められていた。その到来に向け、ＡＡ諸国は、東西冷戦の対立に巻き込まれながらも、非同盟運動など独自のつながりを模索するようになった。

こうしたトレンドの震源となったのが、一九五五年四月、インドネシアの高原都市バンドンで開催された第一回アジア・アフリカ会議（バンドン会議）だ。ＡＡ諸国が独立後、初めて開いた国際会議で、アフリカ六カ国を含む二九カ国が参加し、第三世界の存在感を見せつけた。欧米諸国から見れば、自分たちが参加しない初めての多国間会議であり、新興独立諸国でも曲がりなりに第三世界として一つのまとまりをつくれるようになったことを印象づけた。

この画期的な国際会議をリードしたのが、ホストのスカルノ大統領であり、中国の周恩来首相であり、インドのネルー首相らである。

かつて植民地として搾取されたり、有色人種として差別されたりした体験を共有する歴史をベースに、民族、宗教、政治・社会制度の異なる諸国をまとめ上げた。独立闘争や革命戦争の修羅場をくぐり抜けてきた個性的な指導者にとっては、多少の混乱と困難は、取るに足らない些細なことのようであった。このときのアジア勢は、まさに、ういういしい独立の感激に身を震わせる若武者たちの集まりであった。

【1―4】 バンドンのアジア・アフリカ会議博物館（2023年4月20日）

スカルノは、「生まれ出よ、新しいアジア、新しいアフリカ」と題した開会演説で、反植民地主義、反帝国主義、民族解放などを土台にしたAA諸国の連帯を訴え、拍手喝采を浴びた【1―4】。

会議では、スカルノの訴えを踏まえ、主権平等や内政不干渉、民族自決、国連憲章（平和共存）などを重んじる「平和一〇原則」[1]が採択され、第三世界を規定する「バンドン精神」として結実した。それは、抑圧された民族が国境を越えて大同団結する包摂的な民族主義を志向しており、異なる民族や人種と敵対しがちな今日の排他的なナショナリズムとは一線を画していた。

バンドン会議は、この新たな時代精神を政治の世界だけでなく、文化、ジャーナリズムの世界にまで吹き込んだ点でユニークだ。(2) 西側やソ連のマスメディアに偏っている言説にとらわれない、自分たち独自の情報分析、編集、発信方法を追究すべきだという自覚が、AA諸国のジャーナリストたちの間で生まれ、第三世界の記者たちのための民間の国際団体を立ち上げようという運動が広がった。

スカルノは会議の最中から、バンドン精神に基づくAAジャーナリストの紐帯を組織化する考えをインドネシア記者同盟（PWI）の有志と話し合っていた。この構想は、翌年、ヘルシンキで開かれた第一回世界ジャーナリスト大会で支持され、その準備作業はPWIに委ねられた。PWIは、日本や中国など各国のジャーナリストへ支持を呼びかけ、準備を着々と進めていった。

（1）バンドン会議最終コミュニケに盛り込まれた以下の一〇原則を指す。即ち、①基本的人権と国連憲章の尊重、②主権と領土保全の尊重、③人種と国家間の平等、④内政不干渉、⑤個別的・集団的自衛権の尊重、⑥大国の利益のための集団防衛を控える、⑦武力侵略の否定、⑧平和的手段による紛争解決、⑨相互利益・協力の促進、⑩正義と国際義務の尊重。

（2）文化交流では、一九五六年にニューデリーでアジア作家会議が開かれ、五八年のタシュケントでの第一回アジア・アフリカ（ＡＡ）作家会議に発展し、コロンボに常設事務局が設置された。五九年には、上海で第一回アジア映画週間、カイロでＡＡ人民連帯会議が開催された。連帯会議からＡＡ女性連合が誕生し、六一年の第一回ＡＡ女性会議へとつながった。ＡＡＪＡ創設もこうした流れのなかに位置づけられる。

3　「世界変革の手足に」ジャーナリストの使命

一九六三年四月二四日、ジャカルタでＡＡジャーナリスト会議が開かれ、ついに「アジア・アフリカ・ジャーナリスト協会」（ＡＡＪＡ）が正式に発足した。会議に参加したジャーナリスト組織は、計四七（アジア二四、アフリカ二三）団体。ほとんどが左派系の団体であった。

国際的な支持とりつけ、準備会合などで紆余曲折はあったものの、スカルノ大統領が当初描いた「バンドン精神に沿ったジャーナリストの集い」という素描に限れば、ＡＡ諸国のジャーナリスト組織の間で異論はなかった。

「今日、ここで幕を切った会議は、一九五五年のバンドン会議の続きである」。スカルノは基調講演の冒頭、こうＡＡジャーナリスト会議を位置づけ、アジア・アフリカの報道機関に対し、こうあって欲しいと力強く訴えた［*Afro-Asian Journalist*, Vol.1, No.1,6］。

アジア・アフリカの人々による民族完全独立の闘争の実効的な手足になってもらいたい。民族独立を単に唱えるだけでなく、「自由になる自由」（Freedom to free）と、各国の実情に最も合う理念と骨格を選ぶ権利を具現するにはどうすべきか。大いに悩み、格闘し、身を粉にして働いてもらいたい。

世界をつくり変えるための駒になってもらいたい。支配と抑圧のもとで築かれた古い秩序を打破し、真の民族独立と社会正義、平和を具現する新世界を構築するための手足になってもらいたい。

各国代表も演説で、スカルノの訴えに呼応するようにバンドン精神を鼓舞した。例えば、カンボジアの代表は、「バンドンで宣言された諸原則をジャーナリズムに適用すること」がＡＡＪＡの使命であるとし、「帝国主義の報道機関が第三世界に対して抱く構造的な不正義や軽蔑と闘おう」とアピールした。欧米メディアが資金と技術をふんだんに投入して、「歪んだ第三世界像」を世界に発信しているという脅威認識は、各国メディアの代表に共通していた。

会議で採択された「ジャカルタ宣言」にも協会所属のジャーナリストは、「一九五五年のバンドン会議の精神と熱情（elan）に対する忠誠心を育むこと」という項目がある【付録1参照】。ＡＡＪＡは、まさに、名実ともにバンドンの「申し子」であった、と言っても過言ではないだろう。

その書記局は、インドネシアのジャウォト書記長に加え、中国、日本、セイロン（現スリランカ）、パキスタン、シリアのアジア勢五カ国と、南アフリカ、北ローデシア、マリ、アルジェリア、タンザニアのアフリカ勢五カ国のジャーナリスト組織から選出された一〇人の書記で構成されていた。事務所は、ジャカルタ中心部にあった五階建てのプレスハウス（Wisma Warta）にあった。

そこを拠点に書記たちは、メディアを通じてアジア・アフリカの人びとの意識を変えようと東奔西走した。国境を越えて、反帝国主義、反植民地主義、民族解放を基調とする運動を広げるうえで、メディアが大きな役割を果たすと信じて止まなかった。

メディアと言っても、衛星放送もネットもスマホもまだ普及していない時代だ。新聞などの印刷媒体とテレックス、固定電話だけで民衆の意識をシフトさせようとしていたのだ。電子メディアが当たり前のいまから見れば、書記たちは夢想家で、とてつもなく大きな夢を抱いていた、と言えるだろう。

わたしの父、杉山市平は戦前、共同通信社と時事通信社の前身である「同盟通信」の外信部記者だった。同盟の川越分室（通信傍受所）が終戦直前、広島への Atomic Bomb 投下の第一報をキャッチし、政府に伝達するため先輩記者と二人で相談し、いち早く「原子爆弾」と訳したと聞く。

戦後は、共同通信を経て記者仲間と「ジャパンプレス」という会社を立ち上げ、海外の新聞雑誌の記事翻訳や日本の政治経済事情を欧米へ紹介する通信サービスを行っていたが、縁あってＡＡＪＡ日本協議会（ＡＡＪＡ－ＪＣ）から常駐の書記としてジャカルタの書記局へ派遣されることになった。

ＡＡＪＡ－ＪＣとは、ＡＡＪＡの設立に伴って生まれた組織で、日本ジャーナリスト会議（ＪＣＪ）と新聞、放送、出版、映画関係の労働組合などでつくられていた。その中核であるＪＣＪは、一九五五年春に生まれた日本の「進歩的ジャーナリスト」の職能団体で、戦時中、報道機関が軍部に協力したという反省に立ち、「戦争反対、反動反対、そして真実の報道を！」というスローガンを掲げていた。会員は全国で約一七〇〇人、初代議長は岩波書店の吉野源三郎氏（『世界』編集長）で、父がジャカルタに赴任したころは読売新聞出身の小林雄一氏が議長を務めていた。

父とアジアとのかかわりは、戦前の中国体験に始まる。一九四〇年、大学在学中に召集され、日中戦争さなかの湖北省で三年半にわたって軍隊生活を送った。しかし、自分がアフリカを含む第三世界の革命の渦中の人になろうとは、想像もしていなかったようだ。父は、私家版『インドネシア見聞記』のなかで、当時の心境について、こう書き残している。

どうしてもインドネシアにいってみたい、などと熱望していたようなわけではなかった。ただ、インドネシア行きという形で国外に出るチャンスが生まれたことは、ありがたかった。一年ぐらいのことだ。行って、見てこよう……

4　ダサワルサの思い出

もちろん、バンドン精神やＡＡＪＡの胎動について、一〇歳の少女が知るはずもない。以下、当時のわたしが書いた手紙や両親が撮った写真などを頼りに、ダサワルサとその前後をどのように過ごしたかを振り返ってみよう。

香港とバンコク経由でジャカルタのクマヨラン国際空港に降り立つと、ムッとした暑さで汗が噴き出した。

ジャカルタ中心部のタムリン通り沿いにあるジャーナリスト向けの宿泊施設プレスハウスの三階三一〇号室に入った。一階には、ＡＡＪＡ書記局のオフィスと食堂があった。食堂の大きなガラス張りの窓の向こうは広い芝生の庭で、七面鳥が放し飼いにされ、大人の手のひらほどの大きなチョウが飛んでいた。植え込みの葉の上にも、やたらと大きいカタツムリが這っていて目を見張った。

強い日差しがじりじり照りつけても、貿易風が絶えずそよそよ吹いていたため、部屋の中にいれば風が吹き込んで気持ちがよかった。到着早々買ってもらった簡単な四角い凧もおもしろいようによく上がった。

プレスハウスの前には、国営の高級ホテル「ホテル・インドネシア」があった【1―5】。左手

【1―5】 タムリン通り沿いのプレスハウス（右手前）奥は「ホテル・インドネシア」。その左は「歓迎の塔」

前には丸い池を囲むようにロータリーがあり、早朝から夜遅くまで自動車が通り、母は毎朝、その喧噪で目が覚めたという。

池の真ん中から高く突き立つ二本の柱の上には、空に向かって手を伸ばす若い男女の像が建ってい た。一九六二年のアジア競技大会に出席する選手と外国人旅行者を歓迎するため、スカルノ大統領の発案によって建てられた塔だ【1―6】。

当地の暑さにも慣れてくると、父は、夕涼みがてら母とわたしを散歩に連れ出した。タバコを吸い、しわがれた声を張り上げて新聞を売る十代前後のはだしの男の子【1―7】、道路を走るベチャ（インドネシア式リンタク）、露天の果物屋で売られる爬虫類の鱗《うろこ》のような皮のサラや強烈な匂いのドリアンなど熱帯フルーツ、屋台で売られる茹でピーナッツ……目にするもの、口にするものは何でも珍しかった。

ジャカルタに到着した翌四月一六日夜、父の知り合いで、作家のサマンジャヤさん（共産党系の文化団体、人民文化協会「レクラ」の幹部）に誘われて北朝鮮の歌と踊りを鑑賞した。劇場内は満員で暑く、汗がダラダラ流れた。蚊に刺されてたまらなかった。帰りにサテー（焼き鳥）屋でご馳走になった。サテーがあまりにおいしくてわたし一人で一〇本以上食べたが、パラパラしたご飯とスープにはなじめなかった。

一七日　ＡＡＪＡオフィスの庶務係、ウーリップ夫人の娘たちと遊ぶ。

【1―6】　ロータリーに囲まれた池の真ん中から突き立つ「歓迎の塔」

一八日　ダサワルサの一環としてブンカルノ体育館で開かれた式典で、アジア・アフリカ諸国の舞踊を鑑賞。インドネシアの踊りやアフリカの踊りまではよかったが、カンボジアの踊りは単調な曲の繰り返しで、とてつもなく長く感じられて、いつの間にか眠りこけた。

一九日　スナヤン・スタジアムでの記念式典には、海軍や空軍、親衛隊の行進があっ

【1—7】　プレスハウスの前で新聞を売る少年たち

た。海軍の行進には、アフリカからの留学生も含まれていた。

二〇日　ボゴールの大統領宮殿へ。ダサワルサに招待された各国代表やジャーナリストと一緒に植物園の一部が宮殿の庭となっている「ボゴール植物園」を見学した。宮殿内でバイキング形式のインドネシア料理をいただいた。スカルノ大統領は、この宮殿にハルティニ第二夫人を住まわせ、政治的に重要な国内外の賓客を頻繁に招いていると聞いた。夫人は、ここで事実上のファーストレディの役割を果たしていたという。

二一日　インドネシア海軍が（旧）ソ連から買い込んだという巡洋艦「イリアン号」を見学、海軍将校クラブで開かれたマルタディナータ提督（海軍大臣）主催の昼食会へ。父の知人で華僑の女性、リー・ホイチンさんのロクシーにある家に母と泊まる。インドネシア語を教わる。南国独特の張り出し屋根が付いたベランダのような開放的な居間でごちそうをいただく。この家でも猛暑と蚊に悩まされた。

二二日　インドネシア記者同盟のタシンさんと一緒にバリ島のデンパサールへ。なぜか軍用機に乗って行った。尾翼の下に車が通れるほどの広い搭乗口があり、薄暗い機内にはカーキ色のシートベルトなしの固い座席が窓に沿って並んでいた。母は、床から下が透けて見えて怖かったと話している。その晩は、山の上にある大統領の別荘（タンパクシリン宮殿）で、バリの伝統舞踊を鑑賞。大きな目をした踊り子が、インドネシアの民族楽器ガムランの音色に乗って手先をくねくねさせて踊る姿が印象的だった。

二三日　街中でダサワルサを祝って、きれいに飾られた山車が次から次へと進んでいくのを見た。二泊し、ガルーダの国内線に乗ってジャカルタに戻った。機中から火山がよく見えた。

二五日　父は書記局会議へ。母とわたしは、バスに二時間揺られて涼しい山中にあるチブランへ。そこでプールに入った。夜はジャカルタ市内のホテル・ドゥータ・インドネシアでのレセプションに出た。

二八日　インドネシアの記者たちと白い船に乗ってジャカルタ湾にある小さな島（Plau Air）へ。そこで海水浴をしたり、ごちそうを食べたり、民間舞踊レンソを踊ったりした。島には珍しい大きな木が生え、コバルトブルーの透き通った海は穏やかで温かく、色とりどりの熱帯魚が泳いでいた。サンゴ礁の浜辺で貝を拾った。

ジャカルタ到着後の二週間は、こんな風に一〇歳の少女もダサワルサで高揚していたインドネシアの雰囲気を感じとることができた。

ここで、実家の書斎に残っていたインドネシア共産党の機関紙ハリヤン・ラヤット(人民日報)の英字版を見てみよう。ダサワルサの期間限定で発行された特別バージョンだ。

セピア色に変色し、破れかけた紙面を通しでざっと読むと、ダサワルサは革命の熱気に包まれていたことが伝わってくる。スカルノにとってダサワルサは、ただバンドン会議一〇周年を祝うだけでなく、ジャカルタに集まった反帝国主義勢力の団結を内外に誇示する絶好の機会だったのだ。

スカルノは、約一五万人が集まった一九日朝の大衆集会でのあいさつで「AA革命」の旗手を自認し、こう力説している。

我われは、勝利を手にするだろう。なぜならば、我われの革命は、人民革命であるからだ。インドネシア革命は、人類普遍の革命であり、世界革命に欠かせない一部を成しており、朝鮮や中国、パキスタン、ガーナ、ギニア、チュニジアなどの革命と調和している。

バンドン会議以降の一〇年間でアジア・アフリカの独立国は四一カ国も増え、計九二カ国に。世界人口の三分の二近くを占めるまでに至った。六四年には、中国は核実験に成功している。一八日の記念式典での演説では、五五年以降に独立したアフリカ勢三二カ国の国名を一つひとつ挙げたり、「アジア・アフリカ諸国の一つは、すでに原子爆弾を保有している」と誇示したりしながら、この一〇年間で第三世界のプレゼンスが飛躍的に増大したと強調した。

紙面を追っていると、各国代表が記念式典を利用して外交を展開していたことも分かる。ホストのスカルノの場合、周恩来首相はじめ各国代表と頻繁に会合を重ねていた。二カ月後にアルジェで予定されていた第二回ＡＡ会議の成功に向けて非公開の調整を行っていたようだ。日本政府の特使として派遣された川島正次郎自民党副総裁とスカルノの会談も行われている。

子どものわたしが見たのは、ダサワルサのほんの一部に過ぎなかったわけである。それでも民族・文化行事を楽しむことができた。歴史的な人物を近くで見ることもできた。そういう点では、恵まれた子どもだったと思う。

同時に、短期間でも、表面的なきらびやかさの陰で、貧しさが渦巻いていたことを子どもの目は見逃さなかった。

5　都会と田舎が同居するジャカルタ

当時のジャカルタは、「都会」と「田舎」が同居していた。都会らしいビル街の景観を貧民小屋がびっしりと包み込んでいた。端的に言えば、貧富の差が激しかったということだろう。

プレスハウスやホテル・インドネシアのあたりはビルが点在していたが、ホテルの裏手の丘には、あばら屋が寄り添うように群がっていた。通りがかりの人は、はだしで歩いていた。市内を流れる川では、白昼公然と水浴びしたり、洗濯したり、用足ししたりするありさまだった。下水はなかったのだろう。川や池は、異臭を放っていた。

市内の交通事情は想像を絶するひどさだった。バスの台数が極端に不足していたせいか、朝夕のラッシュ時には、デッキに人びとが鈴なりになったバスが、それこそ傾きながら走っていた。ジャカルタは、前触れなしに激しいスコールがよく降った。舗装が悪いでこぼこした通りは、たちまち川のようになった。

街の通りに面した開放的なレストランでは、たいがい、客の食べ残しをもらおうと物乞いが店内をうろついていた。テーブルの下に潜り込んだ子どもの物乞に足下を触わられることも珍しくなかった。

ところが、こんなひどい環境のなかでも、人びとは、じつに明るく陽気で、屈託がなかった。おとなしくバス停に行列をつくって待ち、それでもバスがこなければ歩いていた。新聞売りの少年の顔にも暗さはなかった。笑顔で一緒に写真に収まってくれた記憶が残っている。

父は当時、日本の通信社に送った記事のなかで、「こんなにひどい生活状況なのにスカルノ政府に対する不満や抗議行動がよく起きないものだ、とも思いますが」と前置きしたうえで、こう分析している。

スカルノ政府がまちがっているのではなく、スカルノ政府の政策をサボっている連中がこうした経済的苦しさをつくり出している、という認識はインドネシア民衆の中にそうとうひろくいきわたっている、とみなければならないでしょう。（中略）官僚や資本家の悪事に対する怒り、これらは非常に多くの人びとの心の中にあります［杉山②］。

貧困層のスカルノ人気は絶大だった。スカルノ大統領に反対するのではなく、自分たちの貧しさの根源は、主食の配給を減らし、生活必需品を値上げする官僚、資本家にあると思っていた。そういう認識が、民衆の屈託のなさの一因ではないか、という印象を抱いていたようだ。

第2章　ジャカルタから第三世界へ発信

1　インドネシア共産党創立四五周年式典

「ヒードゥップ、ペーカーイー」（PKI万歳）、「ヒードゥップ、ブンカルノ」（スカルノ兄万歳）――。両親と一緒に足を踏み入れたジャカルタのブンカルノ・スタジアムは、連呼が鳴り響いていた。一九六五年五月二三日、インドネシア共産党（PKI）の創立四五周年を祝う記念式典。周りを見渡すと、どこも人の山。大スタジアムを埋め尽くした観衆の熱気に圧倒された【2―1】。

母とわたしのインドネシア滞在は、ダサワルサの期間だけで終わらなかった。当初はダサワルサに合わせた短期旅行のつもりだったが、母が単身赴任の父を気遣い、長期滞在することになったのだ。日曜日にプレスハウスの部屋に子ども一人を残して出かけることに不安を覚えたのだろう。おかげで、インドネシアが国を挙げて後押しした共産党大会まで見る機会に恵まれた。

父の日記によれば、式典には一五万人以上が参加した。アイディットPKI議長は演説で、「革命的な情勢を最高潮に押し上げよう」としきりに煽り、「インドネシア革命の完成に向け、偉大な

【2—1】 インドネシア共産党（ＰＫＩ）創立45周年記念式典。スタジアムを埋め尽くした群衆（1965年5月23日）

闘争に国民大衆を引き入れよう。党員は村の中に入っていけ」と呼びかけた。

スカルノ大統領は、政権維持のためにつくった（民族主義と宗教、共産主義のバランスの上に立つ）挙国一致体制「ナサコム体制」の強化を太く低い声で訴え、「ＰＫＩはインドネシア革命の最先頭に立っている。ＰＫＩはもっと前進しなければならない。前進せよ。後退するな！」と駆り立てた。

わたしはと言うと、どうも居眠りしかけたようだ。東京に残った高校生の兄と姉に宛てた手紙には、「はじめは、長いえんぜつで、あきてしまいました。でも、つぎに学生のこてきたいが行進しました。それで、やっと、あきてしまったのが、さめました」と書かれている。

ＰＫＩは当時、党員三五〇万人を抱える国

【2—2】 競馬場で開かれた農民集会

内最大の政党だった。その影響力を誇示するかのように、ジャカルタの街のあちこちに、鎌とハンマーであしらった共産党のマークが描かれた看板が林立していた。プレスハウス近くの目抜き通りには、数字の「45」の上に共産党のマークをのせた建造物が立った。

二六日夜の歓迎レセプション、翌日にスタジアムで催された盛大な踊りや劇のイベント……。記念行事は月末まで続いた。メインの式典には、中国を含む各国の共産党代表が招かれた。日本からは、日本共産党の袴田里見氏、西沢富夫氏ら幹部が参加した。

ＰＫＩは、農地改革を掲げ、農民層への浸透に力を注いでいた。記念行事の期間中、それを彷彿させる出来事に出くわした。

私たち親子が、日共の幹部に同行してバンドン都市圏の西にあるチマヒのＢＴＩ（農民組合）支部を訪れたときのことだ。

競馬場で開かれた集会は、大勢の農民群衆で煮えたぎり、みんな「ヒードゥップ、ペーカーイー」（PKI万歳）とこぶしを振り上げて叫んでいた。農民のなかには、一〇〇キロもの遠くからやってきた人もいたと聞いた【2―2】。

その後、同支部で昼食をごちそうになった。庭に敷かれた敷物の中央に置かれたインドネシア料理を囲み、あぐらをかいて食べるように勧められたが、農民たちは幾重にも取り巻いて私たちの食事を眺めていた。日本人が珍しかったのか、それとも飢えていたのだろうか。

ところで、前掲の「ヒードゥップ、ペーカーイー」と「ヒードゥップ、ブンカルノ」は、ジャカルタに来て、すぐ覚えたインドネシア語のフレーズだ。「テレマカシ」（ありがとう）、「バグース」（いいね）、「アパカバール？」（ご機嫌いかが）、といった簡単なあいさつ言葉とともに自然に頭に入ってきた。スカルノが演説でよく使った「スダラ、スダラ」（同胞のみなさん）の響きは、いまも耳にこびりついている。

2　ジャカルタ――北京「反帝国主義の枢軸」

一九六五年は、盛大な記念行事が目白押しの年だった。四月のバンドン会議一〇周年（ダサワルサ）、五月のPKI四五周年に続いて、八月一七日にはインドネシア独立二〇周年の記念式典が催された。

この独立式典に関する記憶は定かでない。七月に両親が日本に一時帰国し、わたしは夏の間、父の知人宅に預けられていたため、関連行事をのぞく機会に恵まれなかったのだろう。スカルノ大統領が八月三日に発作で倒れたことも関係しているのかもしれない。腎臓病を患っていたといわれる。いずれにしても、わたしの周りで特段の祝賀ムードは感じられなかった。

しかし、当時の新聞を読む限り、パレードや文化関連のイベントもそれなりに繰り広げられていた。スカルノも大演説で声を張り上げている。毎年、独立記念日の演説は、スカルノの一種の「所信表明」であり、その年に国民に呼びかけるスローガンが演題に凝縮されていた。二〇周年記念の節目は、「星への到達、自力更生の年」と題した演説を行い、内外の注目を集めていた。

そこで、この恒例の演説を手掛かりにして、当時のインドネシアの政治状況を整理しておこう。

対外的には、スカルノ演説は、ジャカルタ、プノンペン、ハノイ、北京、平壌をつなぐ「反帝国主義の枢軸」の形成を呼びかけ、「反帝国主義のためには原爆で防御する自由がある」とまで踏み込んだ。実質的には、原爆を持つ中国との連携強化を意味する発言だと受けとめられた。

当時のスカルノ外交は、急進的な階級闘争の様相を色濃くしていた。世界を「新興独立勢力」と「古い既存勢力」に二分し、国境を越えた反帝国主義の闘争を通して前者が後者を倒すという青写真を夢見たのだ。

ところが、六月にアルジェで予定されていた第二回アジア・アフリカ会議が直前にクーデターで流れてしまい。第三世界の結束というインドネシアの大志はつまずいた。

外交の再検討を迫られたスカルノは、中国へ接近していった。マレーシアとの紛争で国連脱退を宣言し、国際的に孤立した苦しいときに支援の手を差し伸べてくれたのは中国だからだ。前年一〇月に核実験に成功した中国に近づけば、核開発のノウハウを得られると淡い期待を抱いたふしもある。スカルノは七月の演説で原爆製造の意思を明確にしていた。中国もインドネシアに対し核技術の輸出と核開発について協力を約束した、とされる［宮城 133］。

こうした流れのなかで言及された「反帝国主義の枢軸」は、関係国の目には、「ジャカルタ―北京の枢軸」だと映った。当の中国も、スカルノを西側自由諸国に引き留めようと中国と綱引きした日本も、東南アジアの共産化を封じ込めようとしていたアメリカもそう受けとめた。

一方、国内的には、節目の演説はスカルノの左傾化、つまり、中国共産党寄りのＰＫＩへの傾斜を印象づけた。ＰＫＩが提唱した第五軍の設立構想などに抵抗していた軍への不満を露わにしたのだ。

第五軍とは、陸・海・空軍、警察の四軍に加え、農民と労働者から成る新たな人民軍を指す。その創設をアイディットＰＫＩ議長がスカルノに要求し、陸軍が猛反発していた。労農人民軍をつくることで、軍と対決できる武力を獲得することがPKIの狙いだった。スカルノは、そんな構想に前向きの姿勢を示し、自分の思う通りに動かない軍への不満を表明したのだ。

スカルノ政権の安定は、対立し合う二大勢力、すなわち、共産党と国軍とのバランス維持にかかっていた。スカルノは、決して共産主義者ではなかったが、大衆の支持を組織化するうえでＰＫ

Iの動員力を必要とした。軍は、西イリアンの武力解放や反乱鎮圧などで不可欠だった。

しかし、前項で触れたPKI創立四五周年式典のころから、スカルノは急速にPKI側へ傾斜した。西イリアン解放で力を増した軍の政治介入を牽制するため、PKIの党勢拡大を擁護するようになったのだ。ジャカルタの日本大使館は、当時の情勢をこう分析していた。

「軍は、PKIの軍組織への介入で、軍の容認できる限界点に達したと考えている。このためその実現化に対しては強力な反対をし、さらにこの傾向の進展をみる場合は、PKIと対決し、進んでこれを制圧する用意があるとみられる」〔田口 116〕。PKIと軍とのバランスは崩れ出した。

インドネシアは一九四九年一二月、オランダと協定を結び、主権委譲を勝ち取ったものの、譲歩も強いられた。経済はオランダ企業や外資に牛耳られ、ニューギニア島の西側半分を占める西イリアンもオランダの統治下に残った。つまり、真の独立を達成した、と胸を張れる状況ではなかったのだ。

スカルノの課題は、この「未完の独立革命」を完成させ、植民地主義の残滓を一掃し、真の独立へ向かう第二段階の革命を陣頭に立って指揮することだった〔倉沢② 5〕。勝利を勝ち取るため、スカルノは権威主義的な体制づくりに走った。「指導された民主主義」の名のもとに、大統領令で一方的に制憲議会を解散し、強大な大統領権限を認める一九四五年憲法への復帰を公布した。さらには、自らを首相とする大統領内閣をつくり、政府の政策に反対する政党の活動を規制した。

しかし、一九六三年五月に西イリアンの施政権がインドネシアに移管され、第二段階の革命が実質的に終わったにもかかわらず、革命のロマンを捨てきれないスカルノは経済再建へ舵を切らず、革命闘争を続けた。中国へ接近し、ＰＫＩの勢力伸長を許した。

その結果、西側の援助はストップし、ハイパーインフレの大波が押し寄せ、対外債務も膨らみ、経済は危機的状況に陥った。地方では、農民運動が過激化し、米よこせ騒動が頻発し、社会不安が深刻化した。

スカルノが演説で訴えた「自力更生」を進めれば、庶民の生活は苦しくなる一方だったのかもしれない。父の事務所で働いていたウーリップ夫人は、スカルノ大兄の呼びかけを「シニカル」に受けとめていた、と父の手記には書かれている。そういう思いが知識人の間で鬱積していたのだろう。

3　真実の追求――ＡＡＪＡの普遍的な報道方針

アジア・アフリカ・ジャーナリスト協会（ＡＡＪＡ）の書記局は、プレスハウス一階の正面入り口から向かって右奥にオフィスを構えていた。

わたしと母がジャカルタに着いたダサワルサの頃は、南アフリカ、シリア、セイロン（現スリランカ）、中国、日本、インドネシア各国のジャーナリスト団体から派遣された常駐の書記が詰めていた。

書記局の仕事は、形式的に言えば、ＡＡＪＡの創設が決まった一九六三年のアジア・アフリカ・ジャーナリスト会議で採択されたジャカルタ宣言と協会憲章（付録1、2参照）を推進することだった。平たく言えば、アジア・アフリカ（ＡＡ）諸国の記者同士の交流・連帯を深め、欧米中心の国際ニュースからアジア・アフリカに対する偏見を払拭しようとしていた。

ここで特筆すべきは、ＡＡＪＡ創設期の報道方針である。

これまで見てきたように、協会は、スカルノ大統領の肝いりで生まれたＡＡ諸国の「進歩的」（左派系）ジャーナリストの国際ＮＧＯであり、当時の反帝国主義、反植民地主義、民族解放闘争などの言説とは切り離せない存在であった。その活動資金の一部は、スカルノのポケットマネーや中国のカンパから捻出されていたと噂《うわさ》された。

しかし、それにもかかわらず、少なくとも当初は、スカルノ自身やインドネア共産党、中国などの宣伝機関に陥らないよう絶えず襟を正し、真実を明らかにするというジャーナリストの矜持は貫いた。

第一回ＡＡジャーナリスト会議に参加したイラン代表は、演説で協会の目的について「特定の政府の政策を推進することはない」と断言し、ＡＡ諸国の報道機関が反植民地、反帝国主義の闘争で実効的な役割を果たすには、「表現の自由と財政的自立」が必要であると力説した。

南アフリカの代表で後にジャカルタ常駐の書記を務めたモリソンは、ビジネスに突き動かされる南アの報道機関が「読者の関心を現実からそらそうと、扇情的な手法をとっている」と批判、「記者倫理の基本原則は、真実を書き、良心に従って真実の情報と論評を提供することだ」と訴えた。

欧米のメディアと対抗するには、記者教育、印刷所と印刷技術、国民の識字率アップが必要だ。スーダンの代表は、「いまだに外国の新聞がスーダン国内で印刷され、発行されている。高水準の新聞を提供できなければ、外国の新聞と競争できない」と声を上げた。シエラレオネの代表は、

「わが人民は、数世紀にわたり帝国主義、植民地主義勢力によって教育の機会を奪われた。大衆が読んで理解するには、真実を最も簡潔な形で書き、報道しなければならないことは明白だ」と主張した。

こうした多数意見を集約したジャカルタ宣言と協会憲章に掲げられたＡＡＪＡの報道方針を図式的に説明すると、表２―１のようになる。

反帝国主義と反植民地主義闘争の構図はともかく、真実の追求というジャーナリズムの大原則は、

【表２―１】アジア・アフリカ・ジャーナリスト協会（ＡＡＪＡ）の報道方針

① 真実は一つで、真実の追求が報道の使命である。
② しかし、帝国主義勢力と（新）植民地主義勢力が真実の追求を阻害している。
③ それゆえ、加盟記者は、表現の自由、報道の自由を獲得して、植民地主義勢力のさまざまな企てを暴き、真の独立と平和を願うＡＡ諸国の人民の利益に貢献すべき。

上記③の実現に向け、

a）ＡＡ諸国の加盟機関、記者同士の交流・連帯を強化する。
b）ジャーナリストの専門職能水準を高める。
c）センセーショナリズムを排す。
d）アジア・アフリカ新聞基金を設立する。

ＡＡ諸国の枠を超えた普遍的、グローバルな広がりを持つのではないか。

では、書記局の具体的な仕事を見てみよう。大雑把に整理すれば、それは以下の三つに大別できる。

① アジア・アフリカ・ジャーナリスト会議を開催したり、国際会議や大使館主催のレセプションに出席したりするなど友好交流を促進し、ＡＡＪＡについての理解を広めること。

② ＡＡ諸国のジャーナリストのために研修プログラムを企画し、実施すること。

③ 協会の機関誌 *Afro-Asian Journalist* を英語版とフランス語版、アラビア語版で出版（通常、年4回）。そのための編集、校正作業を行い、印刷会社と折衝すること。

まず、友好交流の促進では、書記局は、協会が発足した四月二四日を「アジア・アフリカ・ジャーナリストの日」と定め、毎年、ジャカルタや北京などで記念の会議や文化イベントを開催した。一九六四年には、アフリカ統一機構（現アフリカ連合）創設を記念した「アフリカ解放の日」（五月二五日）を祝う盛大な集会を共催した。

協会の代表として海外の国際会議に顔を出すこともジャカルタ常駐の書記の務めだった。父も赴任後、アルジェリア、エジプト、マリ、ギニア、ガーナ、コンゴ、エチオピア、タンザニアなど中東アフリカ諸国を歴訪した。日本に一時帰国して、原水爆禁止大会に参加したこともあった。

二つ目に挙げた記者研修は、一九六五年四月から八月にかけてインドネシアと中国で実施され、アジア・アフリカ八カ国から計一一人が参加した。新聞づくりと反帝闘争のコースをとったあと、各地を訪問し、現地の指導者と団体代表をインタビューし、実際に記事と社説を執筆し、自分たちで紙面構成を考えて新聞をつくった。

4　欧米メディアと闘う記者のための教本

機関誌の編集・発行は、書記局の最も重要な仕事の一つだった。*Afro-Asian Journalist* は、A4サイズで二五ページ程度の「機関誌」【2―3】。発行部数は英語版の最盛期で七五〇〇部といわれている。

モリソンが事実上の編集長を務めていたが、アフリカから頻繁に訪れる代表との打ち合わせや接待で多忙になったため、父も手伝うことになった。父は自著で、「英語の雑誌づくりなんて、全く初めてのことなので当惑した」と当時を振り返っている。

この機関誌は、ジャウォト書記長の言葉を借りれば、「民衆の闘争に献身する進歩的ジャーナリストが連帯精神を育むための媒体」として位置づけられた。AA諸国のジャーナリストが、カネに物言わせて虚言、妄言をまき散らす帝国主義、植民地主義勢力の活字媒体と闘い、民衆に「真実」を伝えるためには、どうすればよいかを教える「教本」、「指南書」のような性格を帯びていた。

例えば、各号の真ん中あたりに設けられた見開きのページは、反帝国主義闘争の世界同時性を視

【2—3】　ＡＡＪＡの機関誌、*Afro-Asian Journalist*

覚に訴える手法が第三世界の読者に効果的であると教示している。ふんだんに写真を使って、反帝運動が第三世界のいたるところで同時多発的に起きているという共時感覚と連帯感を読者に抱かせる工夫をしている【２―４、２―５】。

政治マンガの多用と、いまの日本のジャーナリズムでは廃れてしまったユーモアと風刺の活用も就学率や識字率が低い当時の第三世界の読者を多分に意識している【２―６】。帝国主義勢力の陰謀や脅威をグロテスクに、でもかわいい画風で描いている。編集者たちは、マンガをうまく使えば、事実を積み重ねる正攻法より何倍もアピールすると考えていたようだ。

父の書庫に残っていた機関誌にざっと目を通す限り、当時の書記局は、ＡＡ諸国の左派

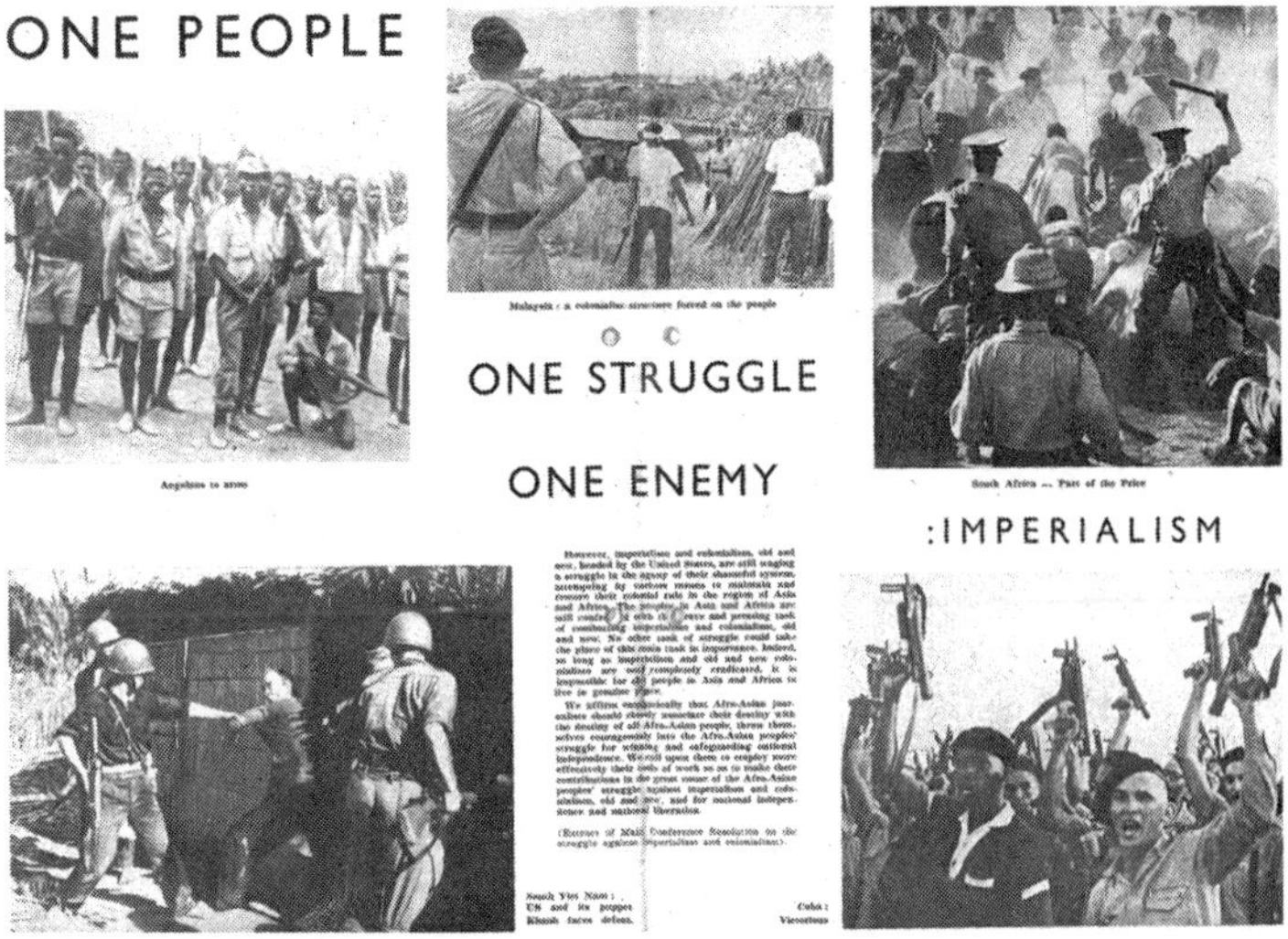

【2—4】 アンゴラとマレーシア、南アフリカ、南ベトナム、キューバの写真を並べ「人民は一つに。闘いも一つ。敵は一つ：帝国主義」とうたう見開きページ。*Afro-Asian Journalist*, No.2 (April 1964), P12-13.

【2—5】 アンゴラ、ポルトガル領ギニア、南アフリカ、ベネズエラ、南ベトナム、インドネシアの各戦場で「破滅の運命を迎えている植民地主義と帝国主義」。*Afro-Asian Journalist*, No.3 (May/June 1964), P22-23.

系ジャーナリストをつなぐネットワークのハブとして機能していたようだ。第三世界の民衆に必要な情報とは何か。彼らに読んでもらうには、どうすべきか。AA諸国の記者と編集者の腕を磨くための方策を真剣に考えながら、機関誌づくりに打ち込んでいた書記たちの様子が目に浮かぶ。

5　事件前夜の現地生活——ホームステイと現地校

私の友、マリコさん。

四八年を経て、ついに私は、マリコに出会えました。直接顔を会わせてではないけれど……。父がお目にかかれなかったのは残念です。私は、杉山さんとそのご一家を長い間探していました。

私たちはジャカルタで元気で、いつ、マリコが訪ねて来てくださるのかと心待ちにしています。私は、もう二人の孫のおばあちゃんです。一〇月に末の娘が結婚します。その時マリコが出席してくださるとうれしいのですが……。お母様とご家族全員によろしくお伝えください。

マドウ

ジャカルタ時代に仲良しだった、一つ年下のマドウから手紙が届いた。二〇一三年春のことだ。インドネシア社会史を研究している倉沢愛子慶大名誉教授の現地調査が縁で、消息が途絶えていた

【2―6】　帝国主義の日は沈み、新たな台頭勢力に日が昇る　　アジア・アフリカにおける殉教と復活

Le Journaliste Afro-Asiatique, Tome 2, No.3 (Mai/Juin, 1965), P23（右）, P26（左）

マドウと手紙での再会が実現した。

父親のサマンジャヤさんは既に亡き人となっていたが、母親のジェーンさんや叔母さんも健在であることが分かり、ほっとした。

「サマンジャヤ」はペンネームで、本名はウイ・ハイ・ジュン（Oey Hay Djoen）。華人（中国系インドネシア人）の文芸批評家として知られ、ＰＫＩの機関紙『ハリヤン・ラヤット』（人民日報）の編集にかかわり、国会議員も務めた。一九六五年当時は、ニョトＰＫＩ副議長の右腕となり、左派の文芸活動家の拠点だった人民文化協会「レクラ」の書記長として組織を動かしていた。

父とは、サマンジャヤさんが一九六三年秋に日本の劇団の招きで来日した際に知り合って以来の間柄で、ジャカルタでは公私ともに非常にお世話になった。このため、私たち一家は、九・三〇事件後の大虐殺（次章参照）の犠牲になったのではないかと案じていた。

やはり弾圧は免れず、一〇月半ばに政治犯として陸軍に捕らえられ、ブル島での流刑を含め一四年間も拘禁されたが、生きつづけた。解放後は、二〇〇八年五月に生涯を閉じるまで著述を精力的に続け、ジェーン夫人と人道ボランティア活動に打ち込んでいたという。

わたしは、六五年の七月からサマンジャヤさんの自宅にホームステイし、翌月からマドウが通う小学校に一緒に通った。ジャカルタに長期滞在することになった、わたしの通学を心配してくれたサマンジャヤさんのご厚意に甘えることになったのだ。

サマンジャヤ邸は、ジャカルタ東部ラワマングンにあった。芝生の庭付きの広い一軒家にサマンジャヤ夫妻とマドウ、叔母さん、おばあさんが暮らしていた。

一家は白いオウムを飼っていて、よくヒマワリの種をやりながら童謡「ブルンカカトゥア」（オウム）を口ずさんでいた。おかげでその歌詞「オウムが窓にとまっている　おばあさんはもう年老いて　歯が二本しか残っていない」だけはいまも覚えている。

マドウとは、すぐに仲良しになり、よく遊んだ。週二回、一緒に水泳教室にも通った。まださほど泳げなかったわたしは、上級クラスで思いっきり水しぶきをあげてクロールを泳ぐマドウがうらやましかった。二人は言葉も育った環境も異なるのに、わたしはこの大きな瞳の聡明な女の子に魅せられた【2―7】。

大人は、インドネシア語が不自由なわたしを気遣ってくれた。サマンジャヤさんは、よくわたしに「スダ　マカン？」（もう食べた？）、「スダ　マンディ？」（もう水浴びしたかい）と問いかけてきた。少なくとも当時、猛暑のインドネシアでは、一日二回以上、水浴びをする習慣があった。バンドンへのドライブ旅行にも連れて行ってくれた。

一家と一週間も一緒に過ごすと、自家発電の明るくて清潔なサマンジャヤ家と、アンペラという草で造った掘っ建て小屋に住み、夜になると暗闇の中でカンテラを灯す周辺住民の暮らしとの大きな格差が子ども心に感じられた。

わたしが編入したサレンバのインドネシア大学近くにあるキリスト教系の小学校スコラ・クリステンは木造で、教室の天井が高くて薄暗く、涼しかった。一時帰国中の両親に宛てた手紙には、学校生活についてこう書かれている。

> みなさん、お元気ですか。
> 8月2日は朝5時半ごろにおばさんに起こされ、マンディ（水浴び）をして新しいピンクのスカートをはきました。マドウのお母さんとマドウちゃんとわたしとで自動車に乗って

【2—7】　マドウとわたしとオウム

学校へ行きました。

クラスはAとBがあります。Aは午前中で、おわりが10時ごろです。BはAがおわってからで、おわりが1時ごろです。私はAになりました。1人ずつ、うたのできる人はうたをうたいました。先生が「マリコ、ニャーニ、ビサ」(歌を歌える?)と聞いたので、「ビサ」といって、ハローハローバンドン(インドネアの民衆・愛国歌)をうたいました。

毎日、毎日、朝早く起こされて、学校に行きます。算数は(1+1=2)という、日本ですんだ、かんたんなものなので、私が一ばん先にすすみます。勉強は一日に一つしかありません。ゴカーンゴカーンとカネがなると、休み時間のアイズです。うちからもってきたおかしをたべます。私には、毎日おばさんがパンやら、おまんじゅう、ビスケットなんかをビニールのふくろにいれてくれます。休み時間のたびに6年生やら、3年生の人が私のところにきて、『カム、クラパ?』(あなた何年生?)とか、『ティンガルディルマ』(家に住んでいるの?)とか、なんか聞きにきます。

ゴカーンゴカーンとカネがなると、また教室に入ります。二時間目も何もないようで、ただ、うたをうたったりして、またカネがなると、おいのりをして帰ります。Aがすむと、つぎにBです。マドウちゃんは12時までなので、それまで私はいすにこしかけて、インドネシア語の本を読んだりして、待っています。(略)お友だちがたくさんできました。

このように、わたしのインドシアでの生活は順調に滑り出した。ホームステイと現地校は楽しく、インドネシア語も徐々に上達していった。サマンジャヤ家のおかげで、両親と離れていても寂しくなかった。いまから振り返れば、嵐の前の、束の間の光明に輝いていた、ということだろう。

次章でとりあげる九・三〇事件は、わたしとマドウを引き離した。わたしは、サマンジャヤ家から出て、プレスハウスの両親のもとから通学するようになった。母が毎日、送り迎えをしてくれたが、それも長くは続かなかった。父が働いていたＡＡＪＡ書記局の活動が軍の妨害を受けるようになったのだ。

第3章　九・三〇事件とジャカルタ撤退

1　虐殺の嵐の始まり

私たち一家のジャカルタ物語は、世界を震撼させた「九月三〇日事件」でエピローグを迎えた。一九六五年九月三〇日深夜から一〇月一日未明にかけて、ジャカルタ市内で銃声が響き渡った。大統領親衛隊の一隊が陸軍最高位の将軍六人を拉致・殺害し、別動隊が大統領官邸や放送局などを占拠した。夜が明けると、彼らは、自分たちを「革命評議会」と名乗り、スカルノ大統領を反共の将軍たちの陰謀から守るためにとった行動であると正当化し、全権を掌握すると告げた。ところが、反乱将校たちは、夕方までにスハルト少将率いる鎮圧軍によって拘束されてしまう。反乱部隊は、ジャカルタ郊外への撤収を余儀なくされ、その行動は封じられていく。

こうまとめると、国軍内部の「クーデター未遂事件」は、一日で終わったかのように見える。しかし、九・三〇事件は、二〇世紀でも最悪の範疇に入る政治暴力の始まりに過ぎなかった。

スハルトら国軍は、インドネシア共産党（ＰＫＩ）が事件の背後にいたとして、共産党員とその関係者に対する「赤狩り」を始め、それ以降、数年にわたって大規模な粛清と虐殺の嵐が吹き荒れた。この粛正と虐殺が示す数字は、見る者、聞く者を慄然とさせる。命を落とした犠牲者は少なくとも五〇万人、一説によると一〇〇万～二〇〇万人ともいわれる〔倉沢② vi ～ vii〕。

事件後、迅速な鎮圧に乗り出したスハルトが徐々に実権を握り、ＰＫＩとべったりだったスカルノは失脚した。やがてスハルトの大統領就任へとつながる政変の過程で、それまで非常に親密であったインドネシアと中国との関係は冷却・断絶し、多くの華僑・華人が迫害された。

事件の真相はいまだ藪《やぶ》の中だ。中国黒幕説からＣＩＡ首謀説まで諸説ある。その分析は専門家に任せることにして、わたしは、自分と両親の体験談をもとに当時の緊迫した状況を再現してみる。

2　わたしが見た九・三〇事件

事件当日、わたしは、サマンジャヤ邸にいた。翌二日はちょうど土曜日だったので、サマンジャヤさんは、わたしを両親のもとに戻すため、車を運転してプレスハウスへ向かった。しかし、プレスハウス前のロータリー周辺まで来ると、兵士に制止された。道路は通行止めになっていたので、いったん引き返した。午後、一時的に封鎖が解除され、迎えに来た両親と一緒にプレスハウスに戻った。

部屋のベランダから目にしたのは、ロータリー一帯に集結した戦車と装甲車、兵士であった。一日深夜に展開が始まり、二日朝に「ドンパチ」があったと母から聞かされた。母が日本に残した兄と姉あてに書いた手紙には、撃ち合いの様子がより詳しく記されている。長いので、その要約を紹介しよう。

一〇月一日は何事もなく過ぎたが、二日午前九時ごろ、一階の食堂で朝食を食べていたら、突然、外で銃声が鳴り響いた。外に飛び出したら、プレスハウスのすぐ後ろの郵便局を攻撃していた。再び戻った食堂でも何発か弾の飛ぶ音が聞こえた。みんな、柱のかげに身体を伏せた。往来の激しかった道路からあっという間に車は消え、露天商の人たちも物陰に隠れた。戦車とトラックの横で、銃を持った兵士が走っていた。プレスハウス前でも武装した兵士が行ったり来たりしていた。ロータリー沿いのホテル・インドネシアにも戦車が入り口を封鎖する形で配備されていた。うわさによると、ホテルに逃げ込んだ反乱兵を捕まえるための措置だったようだ。しかし、情報は錯綜していて、結局、何が起きているのかは、はっきりしなかった。

この日の午後六時から外出禁止令が始まった。ピタッと交通機関は止まり、怖いように静かになった。走っているのは陸軍の戦車とトラックだけだった。夜中にベランダからロータリー方向を何度ものぞいてみた。そのたびに、銃を構えた兵士が立っていた。不気味な光景だった。

手紙を読み返して驚いたのは、一〇歳の少女が「クーデター」という言葉を使っていたことだ。

両親が口にしていた言葉が自然にすり込まれたのだろう。

おねえさん、おにいさん。お元気ですか。九月三〇日の夜、陸軍がクーデターをおこしました。（中略）クーデターの間は学校もとうぶん休みです。夕方六時から、つぎの日の朝まで自動車運転はストップなので、いつもシーンとしてとてもさみしいです。（中略）つうしん局もでんわも、手紙も、みんなとめられてしまっていて、手紙もおわるまで出せません。おねえさんが手紙を出してもきません。でもがまんしてくださいね。
では、この手紙もこれでおわりにします。サヨナラ

事件直後、電信・電話・郵便は、すべて不通になった。プレスハウスのすぐ裏にある郵便局も軍に押さえられてしまった。手紙は、すべて日本に帰る人、あるいは日本を経由して外国に行く人に託して日本で投函してもらうしかなかった。一日から戒厳令が敷かれ、午後六時から翌朝六時まで外出禁止になった。報道統制も敷かれ、軍の意を受けたメディア以外は発行禁止になった。

そうしたなかでも、父は情報収集を続け、同僚の書記たちと膝詰めで状況を分析していた。というのも、事件前の九月二二日、ＰＫＩ幹部から、「軍内部に将軍評議会と反将軍評議会が結成されていて、病気のスカルノ大統領を暗殺し、政権奪取に乗り出す恐れがある」という情報を得ていたからだ。不穏な動きを漠然と感じつつも、詰め切れなかったもどかしさを感じていたのだろう。

【3―1】「9 月 30 日事件」直後に配備された国軍の装甲車の列。殺害された将軍の棺を運んでいると見られる

父の英字日記によれば、父が事件の一報を知ったのは一日朝だった。プレスハウスの食堂で朝食をとっていたとき、早朝に革命評議会がラジオで流した声明をキャッチしたインドネシア人の書記が耳打ちしてくれた。

スハルトの所在は不明と書かれている。二日の交戦については、スハルト派がロータリー一帯を制圧したと見ていた。その後、市民が武器を持ち始め、スカルノがスハルトを治安回復担当の司令官に任命、スカルノが空軍基地からボゴール宮殿へ移動、六日のボゴール宮殿での閣議にニョト無任所大臣（ＰＫＩ副議長）出席、八日早朝、イスラム青年団によるインドネシア共産党本部の焼き打ち……。日記は、事態の推移を克明に追っている。

五日にカリバタ（英雄をまつる墓地）で行われた、殺害された将軍の葬式に参列した際は、地対空砲が配備されていたことを目撃した【3―1】。その日の夜、葬儀の模様がテレビに流れ、棺に納められた惨殺された遺体が映し出された。人々の同情を誘うことがスハルト派の狙いと見ていたようだ。

3　最後の別れ

「ハロー……アダ　シアパシアパ？……」（こんにちは、誰かいますか？）

一〇月二三日土曜の昼過ぎ、サマンジャヤ邸の外から何度も叫んだ。しかし、いくら叫んでも誰も出てこない。ひっそりとしていた。不在のようだから帰ろうと、あきらめかけていたところ、マドウの叔母さんとおばあさんが外の様子をうかがいながら、そっと出てきた。

陸軍が自分たちを逮捕しにきたのではないかと思い込み、天井裏に隠れて息を潜めていたと言う。サマンジャヤ家に置いてあったわたしの荷物を母と取りに行ったのだ。振り返ってみれば、このときがマドウとの最後の別れとなった。サマンジャヤ家に二度と戻ることはなかった。

その日の夜、父は日記に「Sam seems arrested（サマンジャヤは逮捕されたようだ）」と書いた。その予感は的中していた。サマンジャヤさんは、二日前に逮捕されていた。おじさんは、一七日からジャカルタで開かれた外国軍事基地反対国際会議（ＫＩＡＰＭＡ）にインドネシア代表として参加していた。スハルト指揮下の陸軍は、会議の終了を待って、外国の代表が帰国したタイミングを見計らって逮捕に踏み切ったのだ［高橋 165］。

九・三〇事件はＰＫＩの仕業だ、と軍は盛んに宣伝していた。一〇月八日には、殺害された六将軍を哀悼して半旗を掲げることを拒んだ中国大使館に対する抗議デモがあった。共産党系の文化団体を動かしていた華人の著名人である、サマンジャヤさんが捕まるのは時間の問題だ、と父は推察していたのだろう。

この国際会議の頃から、反共運動が各地で広がり、共産党員と目される人たちに対する無差別な検挙、殺害が行われるようになった。そして、華僑・華人への嫌がらせも激しさを増すようになった。少なくとも、両親の目には、そう映ったようだ。母の手紙には、こう書かれている。

街を行く人々は変わりなく生活しているようですが、人民青年団など進歩的な人々は、どんどん引っ張られてどこかへ連れていかれてしまいます。今日も中国人の店を回教の青年団は家を壊したり、焼いたりしていましたが、この頃は目ぼしいものを盗んでいくそうです。まったく泥棒と同じです。目抜き通りの白い塀には、絞首刑にせよアイディット（著者注・ＰＫＩ議長）、粉砕せよアイディット、ＰＫＩ早く出て行けなど、いろいろ悪口がびっしり書いてあります。

断片的だが、当時の弾圧と虐殺の生々しい様子を伝える資料として、ジャカルタのアメリカ大使館がワシントンの国務省に送った一連の報告書がある。

一一月初めの報告書によれば、九・三〇事件以降、首都で事件に関与したとして逮捕された人は八七二人（ジャカルタ警察調べ）、陸軍の支持を受けた青年団によって三四六人のＰＫＩ分子が拉致された。南スラウェシュ州の都市マカッサルでは、ほぼ全人口を巻き込んだ一一月一〇日の暴動で中国系の店の九割が襲われた。ＰＫＩが隠したと見られる武器の押収が目的だったが、店主が値段を負けなかったことに対する不満も襲撃の背景にあったと分析している。南東スラウェシュ州での報道を根拠に、イスラムの群衆が収容施設に押し入り、ＰＫＩの囚人二〇〇人を殺害した模様、と報告している。[NSA 1]

一一月一三日付の報告書を見てみると、警察署長の話として、東ジャワと中ジャワで毎夜、軍の息がかかった民間の自警団によって五〇〜一〇〇人の共産党員が殺害されている、とある[FRUS]。月末の報告書には、大弾圧が続いた結果、収容施設が不足したため、多くの州では、共産党員の囚人を処刑したり、イスラム青年団の手を借りて逮捕する前に殺害したりしていると書かれている[NSA 2]。

九・三〇事件から二年経った頃、北京にいるわたしの元にシンガポール、東京経由でインドネシアから中国語の手紙が届いた。

あの凄まじい嵐に巻き込まれたのではないかと心配していた華僑のリー・ホイチンさんからだった。父の知人で、当時、女子大生だったリーさんは、わたしを可愛がり、自宅に泊まらせてくれたり、バレエを習いに連れて行ってくれたりしたおねえさんだ。

迫害を受け、行方不明になった華僑・華人が多いと聞いていたので、無事であることが分かり、胸をなで下ろした。しかし、なんとも意味深な手紙だった。その日本語訳の抜粋を紹介しよう。

親愛なるマリちゃん。

リーねえさんは、かなり前からあなたに手紙を書こうとしていたのですが、書くことができませんでした。お許しください。リーねえさんは病院から戻ったばかりです。長い間、あなたに手紙を書く勇気がありませんでした。今日、ある人がシンガポールに行くので、ねえさんは、あなたに手紙を書くことにしました。

親愛なるマリちゃん、元気にやっていますか？　あなたがたはまだ北京にいるのですか？　きっと背が高くなったでしょうね。中国語もインドネシア語も勉強してください。（中略）こちらでは勉強する機会がありません。すべての書物はメチャクチャにされてしまったのです。だから、ねえさんは、多くのことが学べるマリちゃんがとてもうらやましいです。そういえば、ねえさんの家で飼っていた犬がまた二匹死んでしまいました。以前、マリちゃんがねえさんの家で見たことのある白い子犬はもうすっかり大きくなりました。マリちゃん、写真をもっていますか？　何枚かいただけませんか？　ねえさんは、あなたのことがとても懐かしいです。

親愛なるマリちゃん。ねえさんは、あなたのご両親に手紙を書くつもりでいました。しかし、ご両親に書く時間はありませんでした。どうか、私たちがとても懐かしがっていることをお伝えください。ご両親にお伝えください、いまはまだ暗いけれども、夜明けの太陽はもうすぐ昇る、と。

それでは、ここで筆を止めます。

ごきげんよう

一九六七年一〇月三日

「『病院』とは、監獄の意味だろうか」。彼女の手紙を読んだ両親は、そうポツリと漏らした。検閲下で何かを伝えたかったのだろう。

4　軍の妨害でジャカルタ撤退

わたしと母は、九・三〇事件で揺れる厳戒下のジャカルタを離れ、北京へ旅立つことになった。両親は、高校生の兄（当時一八）と中学生の姉（一四）を東京の自宅に残したままだったため心配の種は尽きなかったが、日本で教育を受け続ける方がよいとの判断から母方の祖母に二人の世話を頼み、最年少のわたしだけがこの先も両親のもとで過ごすことになった。

一九六五年一一月一四日朝、クマヨラン空港で、アジア・アフリカ・ジャーナリスト協会（AAJA）の書記とスタッフらに見送られ、広州行きのガルーダ航空に乗り込んだ。

母は、その時点で中国についての知識がまったくなく、父といつ再会できるのかも分からず不安だったが、「アメリカのB29（爆撃機）に焼夷弾を落とされると、防空壕のなかでおびえていた戦時中と比べれば、まだましだと自分に言い聞かせた」と振り返る。

わたしはと言うと、少し困惑していた。

一年足らずのインドネシア滞在であったが、現地の子どもたちと楽しく遊ぶことができるようになった。インドネシア語も頭に入るようになった。それにもかかわらず、なぜ、ジャカルタを去らなければならなかったのかと言えば、一にも二にも、父の仕事の関係だった、否応なしだった。

あの国際会議（ＫＩＡＰＭＡ）の頃から、軍による書記局に対する妨害がエスカレートし、ジャカルタ駐在の外国人書記たちも身の危険を感じるようになったのだ。その事態を予期して書記局内では、書記局の北京かプノンペンへの移転案が内々に話し合われ、実際に関係機関へ打診していた。ＡＡＪＡの活動を支援してきた周恩来首相が書記局の北京移転と常駐書記の受け入れに前向きの意向を示し、首相の意を受けた中国記者協会が裏で動いていた。こうした緊迫した状況のもと、とりあえず婦女子を先に「国外脱出」させることで書記局内の意見は一致した。

書記局に対する妨害は、二つに大別できる。一つは、軍による威嚇だ。

一〇月半ばには、プレスハウスに軍の監視が入るようになった。各階に兵士が配置された。エレベーターを乗り降りするたびに銃剣を持った兵士の姿を見てギョッとしたものだ。兵士が各部屋をノックして入ってきて、滞在者が武器を隠し持っていないか捜し回るようになった。わたしとよく遊んでくれた食堂の従業員たちも連行され、食堂で食事をとることができなくなってしまった。一一月に入ると、兵士が外国人書記たちをプレスハウスの入り口で制止したり、尋問したり、悪口雑言を浴びせたりするようになった。

書記局がまとめた報告書［The Secretariat of the AAJA ①］によれば、一〇月一七日、英語とフランス語、アラビア語が堪能なインドネシア人の通訳が逮捕された。師走に入ると、軍警察が書記局オフィスを捜索し、英字機関誌のフランス語訳を担当していたインドネシア人スタッフと会計担当のスタッフが逮捕された。

さらに、軍が発行する新聞にＡＡＪＡを中傷する社説が掲載された。反乱将校たちの呼称である「九月三〇日運動」（ＧＥＳＴＡＰＵ）側の記者がＡＡＪＡの指導権を握っていると書きたてた。父たちは、何度も書面で強く抗議し、謝罪と訂正を求めたが、そのたびに無視された。

この間、書記局オフィスの電話は止められたままだった。郵便物の意図的な引受け停止と配達の遅延も続いた。外務省に何度も改善を要望したが、なしのつぶて。各国の加盟団体との連絡は事実上遮断されてしまった。

もう一つの妨害は、スハルト側に従属する新執行部のインドネシア記者同盟（ＰＷＩ）による人事介入だった。

書記局は、親密な関係にあったＰＷＩに対する軍の弾圧を憂慮していた。三〇以上のインドネシアの報道機関が発行禁止処分を受け、ＰＷＩから除名されたり、殺害・逮捕されたりした「進歩的ジャーナリスト」は合わせて三〇〇人を超えると見ていた。

そんなとき、軍の息がかかった新執行部のＰＷＩは一一月初めの総会で、①ＰＷＩから選出されたジャウォト書記長の解任と、②ＡＡＪＡ加盟の報道機関がインドネシア情勢に関する論評を差し控えるよう求める決議案をそれぞれ採択した。

さらに、ユースフ書記長代理の解任を執拗に求めてきた。ジャウォト書記長は、約二年前にスカルノ大統領によって駐中国インドネシア大使に任命され、大使兼書記長として北京に常駐していたため、ジャカルタのユースフ代理が実質的に書記長の業務をこなしていたからだ。

ＰＷＩは一一月末、ユースフ氏を解任し、代わりにアリフィン・ベイという人物を代理に指名したと一方的に通告してきた。ベイ氏は、アメリカの国際放送ＶＯＡ（ボイス・オブ・アメリカ）の元アナウンサーで、協会とは一切関係ない人物だった。一二月二四日に拘束されたユースフ氏は、辞任を表明し、ベイ氏が代理を引き継いだと伝えられた。ちなみに、ユースフ氏は六八年に裁判抜きで投獄され、一〇年間の監獄生活を強いられる運命を辿った。

緊迫した展開が続くなか、書記局は内々に北京移転に向けて香港で声明づくりなどの準備をし、北京に移ってＡＡＪＡ書記局（拡大）総会を開催し、移転案の承認をとりつける段取りを整えた。

日本、中国、セイロン、シリア、南アフリカ出身の外国人書記五人は一二月二二日、連名で緊急声明を出し、軍とＰＷＩによる妨害と干渉で書記局の活動に支障が出ていると加盟団体にアピールした。声明を公表すると、父は香港へ飛び立った。翌二三日、中国記者協会が早速、書記たちの北京受け入れを表明した。その日、父は兄と姉あてに投函した手紙にこう綴った。

約一年半のジャカルタでの活動は、こうして閉幕になった次第です。（中略）ＡＡジャーナリスト協会書記局では、緊張した日々の連続でした。インドネシアの情勢はよくない。革命の大きな流れのなかで、どんなに激しい逆流が起るものであるかを、目のあたり見たわけです。その犠牲は、とても大きく、それを考え知らされるだけで胸が痛みます。

5　北京への旅立ち

九・三〇事件とスカルノ大統領の失脚は、バンドン精神を堅持し、第三世界のジャーナリストの連帯強化に奔走していたＡＡＪＡにとっては、大きな痛手だったと思う。バンドン会議を主導したＡＡ諸国のリーダーたちが、すでに第三世界の国際政治の檜舞台から去っていたからだ。

ビルマのウー・ヌ首相は、一九六二年の軍事クーデターで失脚した。インドのネルー首相も六四年に鬼籍入りしていた。九・三〇事件の約三カ月前には、アルジェリアのベンベラ大統領が軍事クーデターで権力を奪われ、そこで予定されていた第二回ＡＡ会議とＡＡジャーナリスト会議があっけなく流れてしまった。

そこに、バンドン会議の最大の立役者だったスカルノの失墜だ。さらに言えば、ガーナのエンクルマ大統領も六六年のクーデターで政治生命を絶たれてしまう。

「バンドンの申し子」とも言えるＡＡＪＡにしてみれば、自分たちの支援者が次々に抜けていった形だ。残る大物は、中国の周恩来首相だけだった。

柔らかな物腰の周首相はバンドン会議で、「イデオロギーと社会制度の違いが第三世界の連帯を妨げてはらない」と力説し、各国の中国に対する警戒心を解くことに成功した。

一九六三年一二月から六四年三月にかけては、通算七八日間にわたるアジア・アフリカ訪問の大旅行をした。その際、「アメリカ帝国主義」を名指しで非難することを極力避け、「新旧植民地主義」反対の線で各国と共通項を見出そうとした。一九六〇年から九・三〇事件まで、インドネシアと中国の関係も蜜月だった。

「アジア・アフリカ諸国の記者は、人民の目であり、耳であり、口である」。周首相が六三年四月のAAJA発足の際に贈った言葉である。

その約一カ月後にも首相はAAJAの中国訪問団に対し、協会設立を決めたAAジャーナリスト会議について、「バンドン会議の続きであり、その意義と影響は大きい」と評価している。

翌年のアジア・アフリカ・ジャーナリストの日（四月二四日）には、中国記者協会などのメディア団体は、北京で一五〇〇人規模の集会を開き、AAJAが創設したジャーナリスト基金への募金を呼びかけた。

のちに中国は、平和共存路線を放棄し、武力革命の輸出も辞さない姿勢に転じるが、この頃は、まだ各国に花を持たせ、第三世界の連帯を希求する「バンドン精神」をうたう余裕を見せていた。

こう見てくると、スカルノ失墜で支柱を失ったAAJAが中国を頼ったのは自然の成り行きだったと言える。

ジャカルタから香港に「脱出」した五人の書記は六五年一二月三〇日、連名で次のような声明を出した。

アジア・アフリカ・ジャーナリスト協会書記局は、インドネシアの激変で一〇月以降、困難に直面し、干渉を受け続けているため、ジャカルタで正常な活動を続けることができなくなった。日常業務を行うには、ジャカルタから一時的に撤退せざるを得ないとの結論に至った。書記たちは、できるだけ早期に会合を開き、総会の招集などについて討議する。(中略)

アジア・アフリカの人民とジャーナリストの連帯闘争万歳!

第Ⅱ部　北京滞在記【一九六五年一一月二一日～七八年一月一〇日】

第4章　ＡＡＪＡの北京移転と文革の幕開け

1　北京秋天——早朝、ロバの鳴き声が響き渡る長安街

一九六五年一一月二一日、母とわたしは、広州経由で北京に到着した。私たちが案内されたのは、市中心部を東西に走る大通り長安街と繁華街の王府井が交差する位置に建つ老舗ホテル「北京飯店」だった。

それから一年半泊まった五階西向きの部屋の窓から見渡す外の眺めは、いま振り返ると、まさに梅原龍三郎画伯の「北京秋天」そのものだった。

赤い壁に黄色い瑠璃瓦の紫禁城と、その遠方の山々に沈むまっ赤な太陽——。夕暮れになると、部屋の白い壁が窓から差し込む夕日の光に反射し、赤いシルエットがくっきりと浮かび上がった。

この光景がよほど印象的だったのだろう。兄と姉に手紙で、こう伝えている。「いま、こちらでは夕方になりました。ベランダに出ると、故宮（著者注・紫禁城）の向こうのお山にまっ赤なお日様がしずむところです。部屋の白いかべは、ベランダの戸（同・格子枠のガラス戸）のかげで赤く

なっていてきれいです」

一週間前の一四日午後、私たちが広州の白雲空港に降り立つと、中国記者協会の関係者、インドネシア記者同盟（ＰＷＩ）のスペノさんら五、六人が出迎えてくれた。二人を乗せた車は、生い茂った街路樹がどこまでも続く暗闇の道を突っ走った。宿泊先は、広州市北部にある従化温泉の川沿いにあるホテルだった。私たちは、ここでゆっくり静養して飛行機で北京に入った。

初冬の北京は、肌を突き刺すような寒さだった【4―1】。灰色のレンガの平屋が連なる街並みは、古都の名にふさわしい重厚さが漂っていた。高層ビルと車の渋滞、きらびやかなネオンで知られるいまの中心街の風景に当時の面影はまったくない。

空が灰色に霞んだ早朝、長安街を尻に布袋をつるしたウマやロバが荷車を引いて進んでいた。近郊の農村からやってきたらしい。時折、「ヒーホ、ヒーホ」とロバの鳴き声が響き渡った。布袋は、家畜の糞で道路を汚さないようにとつるしていたことを知り、わたしは北京の風景を興味津々に眺めるようになった。

通勤時間帯になると、長安街は紺や黒、カーキ色の綿入れの服を着た人びとが漕ぐ自転車の洪水になった。バスも走っていたが、通勤の足は圧倒的に自転車だった。北京飯店前の枯れた木々の間に、いつも黒と白で目立つカササギが数羽、「ジャー、ジャー、ジャー」とさえずりながら飛び交っていた。「この鳥はめでたい鳥で、中国では喜鵲（シーチュエ）と呼ばれています。この鳥を見たら何か良いことが起きると言われているのですよ」と中国人の通訳が教えてくれた。

【4—1】 綿入れの防寒服を着て長安街を散策する母とわたし（1966年1月）

母とわたしを接待してくれた中国記者協会の人たちは、私たちを「ワイピン」（外賓＝外国からのお客様）として手厚くもてなしてくれた。市内観光や買い物に連れ出したり、当時、王府井の東安市場南口にあった北京で唯一の日本料理店「和風」などで歓迎会を開いてくれたりした。

父とは、大みそかに北京飯店で再会した。当時、北京飯店には、スペノさんとその家族のように、インドネシアから逃れてきたＡＡＪＡの関係者が多く泊まっていた。みんな母国の情報を少しでも得ようと、毎日、必死にラジオに耳を傾けていた。なかには、ラジオを聞きながら、涙を流している女性もいた。

一二月末からＡＡＪＡの常任書記たちが相次いで北京入りすると、北京飯店の五二五号室にＡＡＪＡの臨時事務所が設けられた。英語やフ

【4―2】 北京での拡大総会で報告するジャウォト書記長（1966年4月）

ランス語、アラビア語が堪能な中国人スタッフもホテルに常駐し、書記局の仕事を全面的にバックアップした。父たちは、毎日のように会議を開き、今後の活動について討議を重ねていた。

2 AAJA書記局、北京で活動再開

春になると、街中に白い綿毛の柳絮《りゅうじょ》がふわふわと舞い、道路の縁にうっすらと積もり、まさに「春の雪」のようだった。夕暮れ時に散歩すると、正陽門（前門）の周りでツバメがスイスイ飛んでいた。

そんな頃、AAJAは一大イベントを催した。一九六六年四月二〇日、ついに拡大総会の開催にこぎつけたのだ【4―2】。

スハルト軍事政権に従属するインドネシア記者同盟がAAJAを中傷したり、その活動を妨害したりするなどし続けてきたにもかかわらず、一九カ国・

地域のジャーナリスト組織の代表計四八人が北京飯店に集い、常設書記局の本部をジャカルタから北京へ移転する決議案を満場一致で採択した。活動再開に当たり、会員を四七から五三団体に増やすことにも成功した。

インドネシアの駐中国大使を辞任し、ＡＡＪＡ専従の書記長に復帰したジャウォト氏は、一般演説で、九・三〇事件以降の困難な時期に書記局を支援してくれた中国記者協会に謝意を表明したあと、ＡＡＪＡの使命について、

「バンドンの申し子として、われわれは、その情熱をしっかり持ち続けていく」と述べ、アメリカを先頭とする帝国主義勢力、新旧植民地主義勢力との闘争に向けた、アジア・アフリカ諸国のジャーナリストの団結と連帯を再確認した［The Secretariat of the AAJA ① 60］。

ジャウォト書記長は、こう駆り立てた。

いま、ほとんどのマスメディアは、帝国主義者によって独占されているが、人民の信頼と支持という最も基本的な要素が欠落している。アジア・アフリカ諸国の新聞は小さくても革命的だ。（中略）人民の願いと希望の代弁者は誰か？　アジア・アフリカのジャーナリストではないか。いま、われわれの意気は、反帝路線で最高潮に達し、かつてないほど団結は強固だ［同 54-55］。

この演説を各代表は、北ベトナムをはじめとするアジア・アフリカのあらゆる反帝国主義、反植

民地闘争を支持する一連の政治決議案とともに満場一致で可決した。インドネシアで起きたクーデターとその後の妨害でジャカルタから書記局を移転させなければならなかった事情と、父たち常任書記が採った行動も異議なく了承された。

一方、開催地を代表して北京市の万里副市長が演説し、「帝国主義、反動勢力の思惑とは反対に、この総会が実現したということは、ＡＡＪＡが新たな、より大きな発展を遂げようとしていることの証しだ」と述べ、「アジア・アフリカの人びとの連帯強化に貢献している書記局」の活動に敬意を払った［同 16］。最終日の二四日には、毛沢東主席、朱徳・全人代常務委員長、陳毅外相らが総会に参加した代表全員と接見し、ＡＡＪＡの活動を全面的に支持する姿勢を示した。

書記局の北京移転は、ＡＡＪＡの歴史のなかで大きな転換点であった。ただ、この総会の頃は、まだ文化大革命の影響を受けていなかったようだ。バンドン精神をうたったジャカルタ宣言に沿って、アジア・アフリカ諸国のジャーナリストの連帯を何よりも重視する従来の基本路線を堅持していた。中国側も書記たちの意向を尊重する余裕を見せていたように見受けられる。

ＡＡＪＡの書記局は当初、北京飯店にオフィスを構え、活動を再開した。インドネシア、セイロン（現スリランカ）、日本、シリア、南アフリカ、中国からの従来の書記にタンザニアから新たに加わり、計七人の書記が常駐することになった。中国側の財政支援があったことは明白で、新華社新聞研究所の論文によれば、「周恩来首相と陳毅外相の配慮で書記たちの住居と乗用車など足の問題は解決した」［万京華 55］。

ところで、書記局の活動再開は、海外で活躍していたインドネシアの左翼系知識人を北京に引き寄せた。九・三〇事件当時、北京には、国慶節（一〇月一日）を祝うため、五〇〇人規模のインドネシア友好代表団が滞在していた。中国政府は、帰国を望まないインドネシア人には亡命を認めた。その後、ＡＡＪＡ関連の有識者だけでも、駐マリのインドネシア大使を務めていたスラエディ・タシン氏、プラハに本部を置いていた国際ジャーナリスト機構のインドネシア代表だったウマール・サイド氏、アジア・アフリカ人民連帯機構のインドネシア代表でカイロの本部に常勤していたイブラヒム・イサ氏らが赴任先から北京に逃れてきた［Zhou ① 180—181］。

3　紅衛兵であふれ返る北京

ＡＡＪＡ書記局の北京移転を待ち受けていたように、七億の国民を巻き込んだ大規模な政治運動「プロレタリア文化大革命」が勃発した。わたしが中国に移って半年が過ぎたころだった。

文革も政治暴力の残酷さでは九・三〇事件に劣らない。

一説によれば、一三万人の政治犯が反革命の罪で処刑され、文革が原因で一七二万人が命を落とした。拘禁と審査を受けた人は、計四二〇万人に上るという［徐 30］。いま思うと、ジャカルタで九・三〇事件に遭遇し、動乱の北京で一〇代の多感な時期を過ごすことになったことに運命の悪戯《いたずら》を感じる。

一九六六年五月一六日、中国共産党の拡大政治会議で、「党中央委員会の通知」（通称、五・一六通知）が採択された。通説に従えば、これによって、その後一〇年続いた文革の幕が正式に開けた。

ブルジョア反動思想を徹底的に批判し、政・官・軍・学（文化）など各界の「ブルジョア階級の代表」から指導権を奪い取ろう――毛沢東主席の影響下で採択された五・一六通知は、こう呼びかけた。排除の対象は、「五類分子」（地主、富農、反革命、右派、悪質分子）だった。

毛主席の「声」に熱狂的にこたえたのが、学生を中心に組織化された集団「紅衛兵」で、文革は「革命経験大交流」を通して各地の若者を巻き込んでいった。

大交流を促進するため、赤い腕章をつけた紅衛兵であれば、鉄道に無賃乗車することができ、訪問先では無料で宿泊、食事の提供を受けられる、つまり、「無銭旅行」できる党中央の通知が公布されたのだ。

大多数の学生は、天安門楼上の毛主席の謁見を受けようと北京に殺到し、主席も紅衛兵を支持した。紅衛兵の造反が最初に起きた清華大付属中（予科）の学生時代、「紅衛兵」という名を思いついた張承志は、のちに作家となり、こう当時を振り返っている。

あの頃の私をかり立てたものは、あふれんばかりに高ぶった感情――一種の冒険への興奮、犠牲に赴こうとする激情、戦場にはせ参じて革命をやるんだという心の高まりだったように思われる。それほど深く考え、熟慮したものではなく、一種のロマンチックな心情と衝動につき動かされていたといえよう〔張承志 42〕。

一九六六年の国慶節（一〇月一日）、長安街は紅衛兵で埋め尽くされていた。天安門広場の上空には、赤いバルーンがただよい、広場は赤、黄、青、緑、ピンクの花を振る群衆で埋まり、礼砲がドーン、ドーンと鳴り響いた。夜のとばりが下りると、天安門と周辺の建物は豆電球で縁取られ、色とりどりの花火が夜空に弾けた。北京飯店五階のバルコニーから目にした光景だ。

この一大イベントに参加した紅衛兵は、推定一〇〇万人。その前夜から長安街の車道は通行止めになり、紅衛兵や労働者らが隊列を作って革命歌をうたいながら天安門の方へ進んでいた。毛主席による謁見は八月一八日から一一月二六日まで計八回行われ、集まった紅衛兵は一三〇〇万人を超えた。

以下、子どものわたし（当時11）が北京の街で目撃した文革が始まった頃の様子を追うことにする。

街の風景が激変したのは、北京飯店近くのネムノキ並木のピンク色の花が咲き、甘い香りを漂わせたころだった。毛主席の指示を支持する「革命的」なデモが街のあちこちで連日行われ、ドラや太鼓の音が絶えず聞こえてくるようになった。父の六月一七日付の手紙には、こう書かれている。

このところ二週間ぐらい、毎日太鼓をたたき、ドラを鳴らして、労働者や役所の従業員、学生（大学、中学、小学生）のデモが続いている。これは、いままで中国、とくに北京の文化、学術界でがんばっていた反革命分子を追放したことを祝っているデモだ。ホテルの近くにある中国共産党北京市委員会の建物の前などは、毎日、日本のメーデーが続いているような騒ぎである。

文革は夏にかけてますます燃え上がり、北京の街中は赤い腕章をつけた紅衛兵であふれ返った。「おまえら中国人か？　華僑か？」。八月半ば、コンパスを買うため、両親と王府井の文房具店に入った途端、中学生ぐらいの紅衛兵約三〇人に取り囲まれ、怒鳴られた。父が「日本人」と答えると、リーダーらしき少年が仲間に外に出るよう命じたため、私たちは解放された。

そのとき、母はプリーツスカートを、わたしは細身のデニムのズボンをはいていた。外国の真似をした格好はご法度で、北京の人びとは、男女とも黒や紺、カーキ色の質素な人民服を着ていた。このため、心がけの悪い華僑の親子がまだここにいる、なんと街を堂々と歩いていると思われたのだろう。

帰国華僑は当時、ブルジョア反動思想の持ち主と見なされがちだった。そのせいか、私たちは街を歩いていると、通行人に頭のてっぺんから足のつま先までジロジロ見られることが度々あった。ちなみに、九・三〇事件後の難を逃れて中国に戻ったインドネシア華僑のなかには、スパイ容疑を

【4―3】 天安門前を行進する紅衛兵。1967年の国慶節（10月1日）

かけられ、獄中生活を強いられるなどの迫害を受けた人もいる［倉沢③ 51-95］。

紅衛兵は「造反有理」、「破四旧」（四旧打破）を叫んで街頭へ繰り出した。破四旧とは、古い思想・文化・風俗・習慣の打破を意味したが、それが過激化し、学生たちは暴走し、書籍を燃やしたり、寺院や文化遺産を破壊したりするようになった。

ブルジョア的な店名だから変更するように要請するビラを貼り付けたり、それを読み上げたりしていた。ある理髪店の店頭には、香港で流行しているヘアースタイルにしないよう求めるビラが貼ってあった。どの商店も、大急ぎで看板の文字を消し、少しでもブルジョア的とみられかねない品物を奥へ片づけていた。

街のあちこちで、ハンマーを持った紅衛兵が建物の看板と通りの案内標識を破壊していた。

その揚げ句、建物と街路の名前は「革命的」な名前に様変わりした。アメリカのロックフェラー財団が一九一七年に創設した北京協和医学院の直属病院の協和病院は「反帝病院」に、ソ連大使館前の通りは「反修路」に変わる、といった具合だ。わたしの目には、まさに街中の老若男女がアメリカ帝国主義反対とソ連修正主義反対のスローガンを掲げ、徹底的に資本主義を追い出そうとしていると映った【4―3】。

秋に入ると、毛主席に会いたい一心で全国津々浦々から紅衛兵が北京に集結し、「毛主席万歳！毛主席万歳！」の叫び声が街中に絶えず木霊するようになった。AAJA書記局のフランス語通訳の苗さんの一四歳の弟も、革命経験大交流で南京から北京飯店を宿にしていた姉を訪ねてきた。リンゴのような赤い頬の少年は、鉄道を使わず、中国紅軍が大雨や雪に耐えながら一万二五〇〇キロを踏破した「長征」に思いを馳せ、主席に会いたくて約千キロの道程を徒歩で約一カ月かけてやってきたと話していた。

4　中国人の根深い反日感情に触れて

この国の歴史を知るにつれ、わたしは肩身が狭い思いをするようになった。子どもでも世間は、その幼さを許してくれない。

大人になって中国を去るまで、わたしに絶えず重々しく圧し掛かっていたのが、あの日中の「歴史」である。

北京に移って最初に思い知らされたのは、日本では普通に使っていた「支那ソバ」という名称が中国では侮蔑語だ、ということだ。

流ちょうな日本語を話すボランティアの中国人が、北京に着いたばかりの母とわたしを故宮博物院（紫禁城）に案内してくれたときのことだ。

歩きながら「万里子ちゃん、いま一番食べたいものは何？」と聞くので、「支那ソバ」と答えたら、「支那ソバと言ってはいけませんよ」と注意された。なぜダメなのか。当時のわたしには分からなかった。

「支那」は戦前の日本人が中国の蔑称として使っていた言葉で、「中華人民共和国」や「中国」という正式名があるにもかかわらず、昔の呼称を使うのは侮蔑したいからだ。そう中国の人が認識している、と分かるようになるまでには年月を要した。

抗日映画の『地道戦（著者注・地下道戦）』や『平原遊撃隊』を見たり、日本軍によって虐使された多数の中国人労働者の遺骸が捨てられた「万人坑」遺跡を見学したりしてからは、かつて中国大陸で日本軍が略奪や暴行をほしいままにしていたことを知るようになり、日本人として穴があったら入りたくなった。

一九四九年に新中国が誕生して一六年が過ぎたばかりの当時は、戦争の記憶がまだ生々しく残っていた。

【4—4】 上海大厦の屋上から撮った、霾にかすむ外灘（バンド）。1966年2月、上海

一般の中国人の対日イメージは「侵略者日本」であり、「日本は嫌いだ」という人が多かった。「日本鬼子」（日本の鬼ども）や、「小日本」（ちっぽけ日本）という言葉も定着していた。

それでも「日本の軍国主義者と日本人民は別」という教育が行き渡っていたためか、わたしは中国滞在中、いじめや差別を一度も受けたことはない。

ただ、中国人の日本に対する根深い憎しみの感情に触れたとき、つくづく他国の人は気楽でいいなあ、とうらやましく思ったものだ。母も、日本から持参した和服を着ることはなかった。「中国の人が和服を見ると、日本人からひどい目にあったことを思い出すだろうから、着る勇気はなかった」と当時を振り返る。

一九六六年二月、母とわたしは、南京と上海を旅した。手紙には、南京の雨花台烈士記念館[1]を見学したとき、誰かから聞いた話が書かれている。「帝国主義や、国民党に反対した人たちがここで殺されたのです」と。

記念館の売店で買った、現地で採掘されたという大小約三〇個の雨花石のなかの赤い石について、店の人が一九三七年の南京大虐殺で「日本軍に殺された人たちの血で染まったといわれています」、と私たちに言ったことがいまも頭にこびりついている。

上海では、当時、街で最も高層のビルで、ランドマークだった「上海大廈」（Broadway Mansions Hotel）の屋上から旧租界地、外灘（バンド）を見学したことも手紙に書かれている【4―4】。

むかしの上海は、八カ国の帝国主義が侵略していたそうです。川に橋がありますが、その橋や近くの公園には中国人と犬は通ってはいけなかったそうです。中国の国なのに、まったくひどいと思いました。

（1）国民党の蒋介石が一九二七年四月、上海で実行した反共クーデターのあと、大勢の共産党員や労働組合の活動家が弾圧・殺害された。南京の雨花台が処刑場になったため、一九五四年、この地に記念館が建てられた。烈士の遺影や史料が展示されている。

5　四五年ぶりの再会

「このお菓子、とても甘いよ！　私たちが一緒に過ごした甘い思い出のように」

幼なじみのティウィはそう言って、白地に青い風車の風景が描かれた筒缶をわたしに差し出した。

お土産にもらったオランダの伝統的な洋菓子ストロープワッフルは、キャラメルシロップの上品な甘さが後を引く。

自宅で午後のひととき、このワッフルを味わっていると、彼女と遊んだ懐かしい思い出が心に浮かんできた。


二〇一五年一〇月、北京の西北部にあるホテル「友誼賓館」。

わたしは東京から、ティウィはアムステルダムから駆けつけ、四五年ぶりに再会を果たした。

「ティウィ！」

「マリコ！　とうとう願いが叶ったわ」

「まるで夢を見ているみたい」

私たちは、駆け寄って抱き合った。

不思議なくらい、空白の時間があったとは思えなかった。半世紀近く別れていてもすぐ打ち解け合い、昔のようにおしゃべりにふけった。

「二人でネコのマンガを描いたね」

「あの頃は何の悩みもなかったね……」


きっかけはＳＮＳだった。

二〇一四年の夏、実家で母が北京時代のアルバムをめくりながら、かつて友誼賓館に「中国語学校があったね」と話し始めた。そういえば、そこでインドネシア人のティウィと机を並べ、何をするにも一緒だった。二人は別々の小学校に転校したが、中学に上がる頃までお互いの家にお泊まりする仲だった。

たしか一〇歳の頃だ。同じ歳で誕生日も一日しか違わない。いま、どこで何をしているのだろう。そう思ったら、連絡をとってみたくなった。

数日後、フェイスブックで彼女の名前を検索したら、それらしきプロフィールと顔写真を見つけた。

さっそく昼過ぎに、試しに中国語とインドネシア語で簡単なメッセージを送ってみた。

「ニーハオ！　あなたは、わたしの幼なじみのティウィに似ているのですが。間違いないのでは？」

夜七時にメッセージが届いた。

「ウァー！　うれしい。またマリコに会えるなんて！　実は私もフェイスブックであなたを探していたの。つい最近、娘と東京、富士山、大阪・京都などを周遊し、帰国したばかり。そのとき会えていれば……」。

あれから、ティウィは家族と一緒に江西省の南昌に移り住み、現地の高校に進み、医科大学を卒業。一九八六年にアムステルダムに移り、いまはオランダ人の夫と幸せに暮らしているそうだ。

この劇的な出会いを機に、お互いに近況を報告し合うようになり、やがて二人の思い出の場である友誼賓館で開かれる懇親会に合わせて対面することになった。かつて、そこで暮らしていた外国人の子弟が久しぶりに世界各国から集う「レッドチルドレン」（赤い子どもたち）の懇親会だ。

昔の友誼賓館は、第二次大戦中や戦後に中国に渡って新中国の建設に協力し、大学で教鞭を執ったり、出版社の翻訳の仕事をしたりして働く外国人専門家とその家族向けの長期滞在型施設だった。

わたしもティウィも友誼賓館の住人ではなかったが、二人は一九六六年三月から約一年半、その広大な敷地内の一棟に併設されていた「外国専門家子弟中国語補習学校」に通っていた。

二人がこの補習校に入ったのは、文革が正式に幕を開ける直前の頃だ。小学生から高校生まで約七〇人が初級中国語を習っていた。インドネシアや日本、マレーシア、パキスタン、オーストラリア、アンゴラ、アメリカ、チリ、ペルー、ブラジルなどから来た子どもたちだった。

ティウィの場合、前出の父親のイブラヒム・イサ氏の仕事の関係で北京に来る前はエジプトのインドネシア人学校に通っていた。イサ氏は、カイロにあったアジア・アフリカ人民連帯機構（AAPSO）の事務局で働いていた。

ところが、六六年一月にキューバの首都ハバナで開かれた、カストロ議長主導の国際連帯会議にスカルノ政権の代表として参加し、九・三〇事件以降の圧政と弾圧を批判したため、スハルト率いる軍部の怒りを買い、「裏切り者」の汚名を着せられ、インドネシア国籍を剝奪されてしまった。

そのとき、救いの手を差し伸べたのが中国で、キューバ政府から発給されたパスポートで北京へ入った。カイロに残されたティウィと妹のティチェ（当時8つ）、イラ（7つ）の三姉妹と八カ月の身重の母親も「中国の友人」の手引きで無事脱出し、北京でイサ氏と再会することができた。

当時、海外在住のインドネシア人は、軍部の息のかかった大使館員とその手先から軍政側につくかどうか「踏み絵」を迫られていたという。このため、中国側の配慮で北京でもホテルを転々としていた。

「あの頃、私の家族は全員、命の危険にさらされていたの。中国の友人が助けてくれなければ、私たちのいまはなかったわ」

6　中国語補習校の生活――レッドチルドレンと農作業しながら学んだ中国語

二人の仲を近づけたのは、お絵描きだった。

日本の桃太郎など昔話を描いてティウィに教えたり、彼女がネコの物語をマンガ風に描いたりして、覚え立ての中国語で説明する、といった具合だ。わたしの場合、片言のインドネシア語も役に立った。

「あなたたちは絵が上手だが、描くならもっと革命的な絵を描きなさい。かわいいネコや女の子ばかり描いていてはダメです」

補習校の授業中に、先生にこそこそ描いているのが見つかって注意されてからは、革命のイメー

【4―6】 手のひらサイズの『毛主席語録』

【4―5】 補習校のレッドチルドレンと遠足（1966 年 4 月 29 日）

ジを膨らませ、人民服を着た紅衛兵や革命バレエ劇「白毛女」の主人公などを描くようになった。

学校では、中国語と英語、算数の授業のほか、全校生徒が西山風景区にある八大処へ遠足に行くなど楽しい日々が続いていた【4―5】。しかし、六六年五月に文革が始まると、通常の授業は減り、革命歌を歌いながら近郊農村へ農作業に行ったり、授業で『毛主席語録』【4―6】を朗読したりするようになった。

農村体験の目的は、「貧農、下層中農から教育を受けるため」だった。例えば、六六年一〇月に大興県の「紅星人民公社」で体験した農作業では、公社近くの農家に一五日間も寝泊まりし、風雨で落ちたナシ拾い、ワタ摘み、サツマイモ掘りなどをしながら、「鴨梨《ヤーリー》」

学んだ。

（中国ナシ）、「棉花《ミエンホワ》」（ワタ）、「公鶏《コンジー》」（オンドリ）、「玉米《ユーミー》」（トウモロコシ）といった中国語の単語を

翌年六月には、北京空港近くにあった「和平中国アルバニア友好人民公社」に二週間泊まり込んで農作業を体験した。

「私の先生は、思想もちゃんと用意して農村に行かなければならないと言いました」、「汚れ、疲れ、苦しみ、くさい匂いに恐れないことです。麦刈りが一番つらいそうです。中国では、農民が一番生活に苦しいそうです」と合宿前、兄と姉に手紙で報告している。

公社では麦刈りが主な仕事で、その様子が手紙に詳しく書かれている。

午後、熊手で麦を集めて、だっこく（脱穀）機で粒にする仕事をしました。麦の穂などが首や体にくっついちゃって、（汗が出ていたので）チクチクしました。（中略）次の日は朝5時に起きて、桃園に虫がつかないように袋をかぶせに行きました。休み時間には、私たちが農民のおじさんやおばさんに歌をうたったり、農民たちも私たちに歌ってくれたりでとても楽しかったです。ある日は、夜中の二時に起きて、麦を引っこ抜きに行って、朝6時に帰ってきました。とても長い一日に感じました。

中国語を学ぶ学校で、なぜ、農作業をしなければならないのか。こう反発するのが普通かもしれ

ないが、わたしには、どれも初めての体験で、苦になるどころか、髪の毛や肌の色が違うレッドチルドレンと一緒にキャアキャア騒ぎながら農作業をすることが楽しかった【4―7】。

『毛主席語録』を教科書として使う授業では、先生に指定された文を朗読する前に、まるで「枕言葉」のように、みんなで「毛主席は、私たちに指導してくださいます」と一斉に声を張り上げた。語録のなかでも、次の一文をよく朗読したため、いまでも暗唱することができる。

革命は、客を招いてごちそうすることでもなければ、文章をねったり、絵を描いたり刺繍をしたりすることでもない。そんなにお上品で、そんなにおっとりした、雅やかな、そんなに穏やかでおとなしく、うやうやしく、つつましく、控えめのものではない。革命は暴動であり、一つの階級が他の階級を打ち倒す激烈な行動である（第二条「階級と階級闘争」）。

語録を通じて、この社会には無産階級（プロレタリアート）と資産階級（ブルジョアジー）が存在し、文化大革命とは、無産階級の激しい革命であると頭に叩き込まれた。搾取するのがブルジョアジーで、搾取されるプロレタリアートによる革命だとも。当時、兄に宛てた手紙に、その影響がうかがわれる。

お兄さんは、何のために、かみを長くのばしているのですか。私は、帝国主義と修正主義を

【4—7】 手紙に描いたイラスト——レッドチルドレンと農作業（1967年6月）

【4—8】 インドネシアの３姉妹とわたし。ＡＡＪＡの岩山の上で（1967 年初夏）

やっつけるために行動しているのに。（中略）お兄さん、ビートルズやフーテン族にイカれていたら、ほんとうの革命派といえないと思います。

こうして外国人の子どもたちも文革にどんどん影響されるようになった。文革の風潮をわたしより早く受け入れたのはティウィだった。出会った頃の彼女は、ショッキングピンクのカチューシャがよく似合う可愛いらしい少女だったが、カーキ色の人民服を着出した【4―8】。授業で毛沢東の詩を暗記させられていたので、女の子らしくおしゃれをすることはブルジョア的だと思い込んでいた。『女民兵のために照に題す』（一九六一年二月）の次の二句「中華児女多奇志　不愛紅装愛武装」（若い次の中国をになう世代には、すばらしい志をもつ者が数多くいる。

華美な衣装で飾るより、祖国を守る服装をしたいという)〔武田、竹内 340〕だ。

しかし、そんな「革命的」なティウィでさえも、本来の娯楽に飢えていた。四五年後に再会したとき、こう振り返って感謝された。

あのとき、あなたが貸してくれた日本のマンガと、もう一人の友人が帰国する際に置いていってくれたレコード、ビートルズの「ストロベリー・フィールズ・フォーエバー」とローリング・ストーンズの「レディー・ジェーン」は、私のその後の成長に大きな影響を及ぼしたのよ。私は、中国の風潮に染まり、革命歌しか知らなかったから、大きな扉が開いて、珍しい世界が目の前に現れた感じだったの。

そう言われてみれば、わたしは当時、日本から送られてきた、手塚治虫の『鉄腕アトム』や『0マン』、『火の鳥』、白土三平の『カムイ伝』(『月刊漫画ガロ』)などのマンガ本をむさぼり読んでいた。日本語が分からないティウィは、絵を見て想像を膨らませて楽しんでいたのだ。

文革一色の世界から抜け出したくて。

第5章　「好好学習、天天向上」（よく学び、日々向上）

1　「赤い八月」の狂気

毛沢東による天安門での接見が始まった一九六六年八月から六七年秋ごろまでが紅衛兵の天下だった。「造反有理」というスローガンを盾に集団で暴力を振るい、公開のつるし上げが連日のように行われ、寺院や商店は破壊された。各派閥に分かれて「武闘」（武力闘争）が繰り広げられ、一時、毛沢東ですら統制できなくなる混乱に陥ったことは周知の通りである。

一九六六年八月初めから九月半ばの間、北京だけでも紅衛兵によって約一八〇〇人が殴り殺された［楊継縄 15］。紅衛兵に辱めを受け、迫害された人は数え切れないほどいる。著名な文芸批評家で翻訳家の傅雷《フーレイ》や科学者の張為申《ジャンウェイシェン》のように、むごい暴力から逃れ切れず、自死に追い込まれた文化人も少なくない。

わたしも当時、北京の街中で紅衛兵が「国民党の関係者」の家を荒らして家財道具を没収し、三輪車に積んで運び出したり、集会で「反革命分子」のレッテルを貼られた教師が頭を下げ、腕を後ろに伸ばした「噴気式」（ジェット式）と呼ばれる姿勢をとらされたりする姿を遠目に見たことはある。

しかし、北京の友人たちは、わたしよりもっと酷い場面に遭遇していた。その一人（当時11）は、紅衛兵の暴力が最高潮に達した「赤い八月」（一九六六年八月）の体験について話してくれた。

彼女によれば、当時、五〇代の叔母が、陰陽頭（頭の半分だけ剃り落とす侮辱の髪型）にされて、胸に「打倒大家主」と書かれたプラカードをつけられ、自宅の敷地にさらしものにされた。

黒山の人だかりになり、木の上、屋根の上によじ登って見物する人まで出た。叔母さんは砂利のうえにひざまずかされ、八月の灼熱の太陽に照らされて苦しそうだった。そんな姿を見て、彼女と二歳年下の弟は、動揺して立ちすくんでしまったという。その後、家屋権利証など契約書類は没収され、家も高価な絵やマホガニーの家具、ダイヤモンドの指輪なども、すべて没収されたそうだ。

没収された品物は庭に並べられ、「良い出身」であれば、好きな物を一つ買うことができた。あるとき、雨靴を履いた生徒が友人に足を突き出し、「これ、あんたのところで買ったのよ」と言われ、侮辱された思いをしたという。

「良い出身」とは、労働者、貧農、下層中農、革命的であるとされた軍人を指し、地主、富農、反革命分子、右派、悪質分子の五類は家族を含めて「悪い出身」と見なされ、紅衛兵の「餌食」となった。

「老夫婦がトラックの中に投げ入れられて、三角帽子をかぶせられて街を引き回されている姿を見たこともある。そのとき、かれらは骨折してないかしら、と思ったほどよ」と友人は振り返る。「おさげを結った女性が街で数人に襲われ、無理やりに髪を切られそうになったところも見た。彼女は泣いて自分で切ると叫んでいたけど、結局、切られてしまった。そういう狂気を何度も目撃したわ」。

2　毛沢東崇拝の小学校

一九六七年四月、ＡＡＪＡ書記局のオフィスが北京飯店から北京市北東部の洋館に移転したのに伴い、私たち一家も洋館と同じ敷地内にあった中国建築の平屋に引っ越した。わたしは、一二歳になったばかりだった。長いホテル暮らしに飽き飽きしていたので、新居での一家だんらんの食卓に胸をふくらませた。

広大な敷地は、いまでは人気観光スポットとして知られる南鑼鼓巷《ナンルオグウシャン》近くの街区内にあり、正面入り口の門の脇には、守衛所が設けられていた。二階建ての重厚な洋館は、清朝末期から中華民国初期の皇族、愛新覚羅奕劻《イークァン》の次男の屋敷として一八七五年にイタリア人建築家によって建てられ、蒋介石の北京別邸やユーゴスラビア大使館として使われていたこともある【5―1】。

庭には、エンジュやニレの高木が生え、滝が流れるように作られた人工の池、岩山、あずまやがあった。春になると黄色のレンギョウや、淡紅色のカイドウ、薄紫色のフジなどの花が咲き誇った

【5—1】 AAJA書記局の事務所だった洋館

中国式庭園の周りに四軒の平屋が建ち、わが家のほか、ジャウォト書記長とスリランカ、タンザニアの書記の三家族がそれぞれ入居した。もう三軒は、通訳や運転手、コックら中国人従業員用の宿舎や食堂として使われていた。

この年の一〇月、わたしは、中国語補習校の斡旋で自宅から徒歩で通学できる府学胡同第一小学校の五年生のクラスに編入することになった。ちょうど「授業を再開して革命を行うことに関する通知」が出たばかりだった。

党中央は、それまで大学から小学校まで中国各地の学校を一斉休校にし、紅衛兵運動を盛り上げていたが、紅衛兵は暴走し、派閥抗争と批判が極限に達し、各地で流血事件が絶えなくなった。このため、中央は方針を転換し、授業を再開して革命を進めるよう教育現場に求めたのだ。

【5―2】 小学校の休み時間に教室で遊ぶ女の子たち。継ぎ当てしたズボンの子も

わたしは、新しい中国の友だちができると編入を楽しみにしていたが、初めて学校を見たときは、文革の影響で校内がひどく荒れていたことに衝撃を受けた。毛筆で書かれた、教師を批判する壁新聞が学校の到る所に貼られ、教室の割れた窓ガラスから隙間風が吹きすさみ、机もイスも床も傷だらけだった。

あの時代は、どこでも労農兵（労働者、農民、兵士）が主役で、学校にも労働者（毛沢東思想）宣伝隊と人民解放軍宣伝隊が派遣されていた。この二者と学校の幹部から成る「革命委員会」が教育現場を指導し、校長は「革命委員会主任」と呼ばれていた。府学胡同第一小でも、政治学習に重点が置かれ、授業は毛沢東語録の読み書きと算数を少しやる程度だった【5―2】。

毎朝、登校すると、校門近くに設置されていた毛沢東の像の前で、赤いビニール表紙の毛沢東語録を振りながら、「私たちの心の中の赤い太陽、偉大な指導者・毛主席のご長寿をお祈りします」、「林彪副司令官が永遠にご健康でありますように」と声を張り上げて「早請示」（朝の伺い）をし、下校時も同様に二人に向けて決まり文句の「晩滙報」（夜の報告）をすることが日課になっていた。わたしも何の疑問も持たずに、中国のクラスメートに見習って声を上げていた。

毛沢東語録を学ぶときは、人民解放軍の「おじさん」が語録の説明をした。なんせまだ小学生である。みんなで語録を読んでいても、やんちゃ坊主がおしゃべりしたり、いたずらしたりする。そんなとき、おじさんは、すぐ語録に収められた、人民解放軍の軍紀になっている「三大規律八項注意」のページを開かせ、そこに書かれている「一切、指揮に従って行動せよ」などの文をみんなに朗読させた。

3　闘私批修

小学校時代、放課後、クラスメートの家で毛沢東の教えを実践すると言って、時間も忘れておしゃべりに熱中していたあの幸せな記憶が、当時の手紙を読むとふっとよみがえる。学校の革命委員会が全校生徒に課した「学習班」のことだ。毎日、四人一組の班をつくり、そのうちの誰か一人の家でその日の宿題をやった。一九六八年六月の手紙には、こう書かれている。

私たちは、庭におぜんや小さいイスをもってきて学習をします。こんなに暑いのに、どうして家の中でやらないのかというと、家の中は二つぐらいの部屋で狭いし、親たちが昼寝をしていて、私たちの学習が聞こえたら、眠れなくなり、うるさいからです。いっぱん（一般）の中国人は、みな一つの院子（庭）の中に、たくさんの家族が住んでいます。友だちの家もその院子の中の一家族ですから、子どもが多く、私たちのまわりを囲んだりするので、なかなか落ちついて学習をやれません。そして、その院子には、たくさんヒヨコやメンドリをかっていて、ピヨピヨ、クックックックッ。学習している時は、この音がつい気になってしまいます。

学習班の目的は、毛沢東が一九五〇年代に生徒・児童のために書いた言葉「好好学習《ハオハオシュエシー》、天天《ティエンティエン》向上《シアンシャン》」（よく学び、日々向上しよう）を行動に移すことにあった。より具体的には、毛沢東思想に照らして私心と闘い、修正主義を批判する「闘私批修」をやることだった。といっても、実際には、プールで遊びたい、勉強したくないといった邪心を、毛沢東語録を参考にして戒めるといった程度の「闘私」で、四人でペチャクチャおしゃべりしていたのが実情だ。

七月の手紙では、こう居直っている。

今日は学習班といっても、友だちの熱帯魚を見たり、おしゃべりしたり。結局、遊びに来たのと同じになってしまいました。みんな私心をやっつけようともしないのです。口先だけの革命派だなと思いました。私も（この状態を）直そうともしない。でも、先生に見つからないなら、これでいいかな、とも思います。

わたしは、宿題をさぼりがちになった学習班でも、自宅に一人でいるより楽しいし、中国語も上達するだろうと思い、積極的に参加していた。この学習班は、夏休みも毎朝九時半から一一時まで行われ、当時、全国的に広く学習されていた毛沢東の「老五篇」と呼ばれる「ベチューンを記念する」、「人民に奉仕する」、「愚公、山を移す」、「自由主義に反対する」、「党内の誤った思想を正すことについて」の五つの論文を読んで暗記することが求められた。その他、毛沢東の詩「水調歌頭　遊泳」や「七律二首　疫神を送る」、「満江紅　郭沫若同志に和す」を暗記したり、新聞を読んだり、ラジオを聞いたりすることも夏休みの宿題として出された。

遊び盛りの子どもではあるが、こうした学習を言われるままに続けていくうちに、わたしも次第にやたらと理屈っぽくなってきた。そのせいか、この学校で小学生の紅衛兵ともいわれる「紅小兵」に選ばれた。赤地に黄色い文字で「紅小兵」と書かれた菱形のワッペンを左腕につけ、バス停の前に立って、バス待ちの人たちに向かって毛沢東語録を読み上げたことを覚えている。

4　紅小兵の批判闘争大会

この小学校でも、「批判闘争大会」が校庭で開かれ、「反革命分子」と見なされた人物が紅小兵に引きずり出され、全校生の批判を浴びていた。まったく身に覚えがなかったが、一九六八年六月の手紙に描いたイラスト【5―3】を見ると、自分も「傍聴」し、その様子をしっかり観察している。

イラストは、二人の女性を対照的に描いている。左側に反革命分子の烙印を押されたTという女性が前屈の姿勢で立たされ、うなだれている。その背後に毛沢東語録を手にした紅小兵二人がTをにらみつけるように立っている。一方、右横の演台では、おさげの若い女性がむせび泣きながら何かを訴えている。弱々しい感じはしない。むしろ、力強いタッチで描かれている。

イラストに付く走り書きの説明によると、おさげの女性は妊婦だったが、Tに突き倒されて流産してしまったと訴え、「毛主席万歳」と叫んでいる。演台に貼られた紙には、大きな字で「忠」と描かれている。毛沢東に対する「忠誠」の略だ。演台の右横のイスに座っているのは、この子の母親で、涙で声が詰まって「毛主席万歳」を発声できなかったと書かれている。

まだ中国語を聞き取る能力が不足していたのだろう。なぜ、どのようにTが女性を突き倒したのか判然としない。なぜ、Tが批判の対象になったのか、流産と反革命はどう関係するのか。分からないことだらけだが、走り書きには「おさげの女性の家庭は、母が貧農、父が労働者で、良い出身

【5―3】 小学校の校庭で紅小兵が「反革命分子」をつるし上げる様子を描いたイラスト

なので、この反革命分子に嫌われていたそうです。ザンコク！」と書かれている。

　このイラストから察するに、当時のわたしは、おさげの女性を「よい人」、Tは「わるい人」と捉えている。批判闘争大会は、革命をつき進める場であると了解しており、そこで毛主席の教えに従って悪の不正が裁かれることに何の疑問も抱いておらず、Tが反革命分子であると確信している。

　ここまで「解読」すると、分厚い心の殻が少し開き、奥深くに埋もれていた情景がおぼろげながら浮かんできた。

　ところが、本書を執筆するに当たり、当時の事情を知る友人の話を聞くと、善玉と悪玉が入れ替わる。私は知らなかったが、実は、Tという女性はこの小学校の教師で、多くの生徒に慕われていた。おさげの女性が「革命の表看板をかかげて個人的な恨みを晴らすためにうそ偽りをでっち上げ、善良なT先生を陥れた。結局、先生は、迫害が原因で亡くなった」と友人は振り返る。

紅衛兵による迫害について証言を集めた『文革受難死者850人の記録』は、こう分析している。「中学の紅衛兵の凶暴性に較べると、小学校の紅衛兵の腕力は比較的小さかったが、それでも、小学校の校長や先生も同様に殴り殺された。ただし、その人数が中学より少なかっただけだ」［王97］。例えば、一九六六年八月に絞って北京の小学校を見てみよう。

●寛街小では、校長（女性）が紅小兵によって殴り殺され、その夫と教務主任も犠牲になった［同］。

●育鵬小でも算数の教師（男性）が担任のクラスの生徒たちに糾弾され、建物から飛び降り自殺した。国民党の軍隊にいた経歴が仇となったという［同214］。

●史家胡同小の校長（女性）も、つるし上げられた末に飛び降りて亡くなった［同97］。

こうした記録と友人の言葉を踏まえてイラストを眺めると、自責の念を感じずにはいられない。イラストを見るまで小学校の批判闘争大会について「すっかり忘れていた」では済まされないと思う。半世紀以上も昔の子ども時代の出来事であっても、忘却してしまうには重すぎる。

あのとき、自分は単に傍観していただけではないだろう。紅小兵になったばかりで、気合いが入っていたに違いない。恐らく、訳が分からないまま、みんなと一緒になって糾弾し、「毛主席万歳」と叫んでいただろう。たまたま、運よく、直接暴力を振るっていなかっただけなのか。

いま思うに、確固たる思想信条を持って革命をやっていた、ませた紅小兵がいたとしても、ごく少数だろう。よい子もわるい子も流行に乗り遅れるな、といったぐらいの気持ちで紅衛兵のつるし上げをまねていたのだろう。「かれらは、紅衛兵の『無知』を越えて、ただ流れに乗るばかりであり、主体的に『闘争』や『造反』をする動機も、力もなかった」〔武田 236〕といった見方に傾く。

しかし、そうだとしても、無念の死を遂げた受難者とその家族、友人らの悲しみ、苦悩、深い心の傷を思うと、子ども心を巧みに操る大人に騙されていた、と言い訳する気にはなれない。

ところで、一九六八年の夏休みは、政治デモに「忙殺」され、夏休みどころではなかった。紅衛兵の武闘に手を焼いた毛沢東が武闘の制止を求める指示を矢継ぎ早に出し、そのたびに小学生もデモに動員されたのだ。わたしの手紙には、ほぼ連日のデモで疲れ果てた様子が書かれている。

七月二五日の午後三時からデモに行きました。「七・三布告」という広西のほうでやっている武闘を文闘にしようという指示を記念するデモで、四年生から六年生までの全員が学校から天安門まで歩きました。

私は、こんな暑い日に（とくに、この何日かはジメジメした日本の気候に似ているので）行きたくない、もう行かないやと思っていましたが、考えてみると、これは政治活動です。当然、暑さにも負けずに行かなければならない、と決心しました。

天安門の門を通ったときには、もうのどがカラカラ。でも、いっこうに休みそうにないし、私自身もお金の用意をしていなかった。しょうがなしに、ぷりぷり歩いていたら、突然空が真っ黒になり、ザーッと大雨が降り出しました。みんな服がびしょ濡れになりました。ズボンが足にべたべたくっついて気持ち悪かったです。（中略）

七月二八日の日曜日は、（文革で閉鎖されていた）大学は、とくに理工系の大学はやらなければならないという指示を記念して、午後五時から美術館の辺り（天安門までの中間ぐらい）までをぐるりと回り、七時に学校に戻ってきました。

七月三〇日は朝八時からデモに行きました。毛主席と林彪副主席が二八日に、いまだに武闘をやっている大学の責任者五人と会見し、武闘をやめるよう話したことを記念するデモで、天安門まで歩きました。

この日は、とくに暑かった。やはり一度も休まず、水も飲めず（休みがなければ水も飲めない）、足は疲れる一方でした。でも、「下定決心、不怕犠牲、排除万難、去争取胜利（著者注・決意を固め、犠牲を恐れず、あらゆる困難を克服して勝利を闘い取ろうという毛沢東の言葉）」、「思想の上で疲れないと思えば、疲れないよ」などと叫びかけられ、みんなへとへとに疲れながら、やっと学校にたどり着きました。

学校に着いたら、外で五分間、先生のお話がありました。その間、立っている間も太陽がカーッと、すごい熱を私たちの頭に注ぎます。そのうち、みんなバタバタと倒れてしまいました。私は朝ごはんを食べていませんでしたが、倒れませんでした。私の組では、女の子が一人倒れ、急いで木陰に連れて行き水を飲ませました。顔は青白く、唇も紫色に変わり、死んだ人のようでした。

今日も朝八時から学校で、一年から六年の紅小兵だけの会議がありました。明日八月一日は、人民解放軍の創立記念日なので、それを祝う会が学校で開かれます。このように、とても忙しいです。

毛沢東の指示が出るたびにデモ、デモ、デモ。手紙を読み返すと、為政者が文革を推進するため、ここまで子どもを頼りにしていたことに驚かされる。とくに、わたしがまじめだったわけではない。みんな、好むと好まざるにかかわらず、指示の内容や政治的な背景が分からなくてもデモに参加した。

デモは、毛沢東への忠誠を示す行動であり、参加はほぼ義務だと思っていた。それは、「善いこと」だという規範が社会全体で共有されていたため、学校に「行き過ぎ」とクレームをつける保護者もいなかった。

毛沢東が掛けた「解放軍に学べ」という号令は、小学校でも響き渡り、軍隊の団結心や規律遵守が子どもの模範とされていた。子ども向けの雑誌『紅小兵』や映画、マンガ、ポスターなどに描かれた、毛沢東に忠誠を尽くす子ども兵も小学生の羨望の的で、親が悪い出身で肩身の狭い思いをしたり、いじめられたりしていた子どもですら紅小兵や紅衛兵に憧れていた。

中国の新学期は九月に始まる。まだ五年生ではあったが、夏休みを終えた後、自宅近くの中学校に進学することになった。文革の影響で修業年限が短縮されたためだ。小学校に入って一年足らずで、あっという間に卒業してしまった。まだ中国語の理解もおぼつかなく、分からないことだらけだったが、不安はなかった。

5　計画経済下の買い物

「ビングオール（冰棍児）！一本五分、三分だよ～」。春が来ると、早くも北京の街角に高さ一メートルほどの木製の手押し車が止まり、冰棍児売りのおばさんの声が響き始める。

冰棍児とは、アイスキャンデーのことだ。シンプルな白い紙に包まれた冰棍児は、クリームアイス、サンザシのほか、アズキ、オレンジなどの味があった。冰棍児売りは、北京の夏の風物詩で、真夏になると、手押し車の周りには、いつも大勢の子どもが群がっていた。

わたしも冰棍児が好物だった。六八年四月の手紙には、こう書かれている。

【5—4】 毛沢東の声明を支持するデモ（1968年4月17日、北京の長安街）

四月一六日に毛主席が『アメリカ黒人の抗暴闘争を支持する声明[1]』を出したので、昨日、学校から天安門まで歩いてデモに行きました。天安門から続く広い道は人でいっぱいで、時々押し出されそうになって大変でした。帰ってくるときも歩いたので、暑くて、おまけにのどがカラカラになってしまったので、ビングオールを二本（全部で一角、一本五分です）買ってなめながら帰りました【5—4】。

アイスキャンデーとともに、スイカも庶民に欠かせない夏の食べものだった。北京の銀座通り「王府井」では、果物屋の前にスイカが山積みにされ、その前で秤売りのスイカを丸ごと買う人や、長方形の大きな皮入れ・種入れ箱の前でカットされたスイカをかぶりつく人でごった返していた。

北京の冬の風物詩は、白菜売りで、大通りのあちこちに真っ白な白菜の山積みができた。人びとは一冬分の白菜を買い込み、新聞紙に包んで風の当たらない庭先などに貯蔵したり、カメに漬け込んで漬物にしたりしていた。大勢の人が行列をつくってワイワイ、ガヤガヤ言いながら白菜を買っているところでは、リヤカーを引いて家族総出で買い出しに来て、並んで買う人、見張り番、運び屋といった具合に役割を分担していた姿も目にした。

北京に来て約二年半、地元の小学校に転校して半年も経つと、自宅と学校の周りが日常の風景と化した。ＡＡＪＡの敷地前の胡同（路地）を抜けると、トロリーバスが走る通り。緑したたる並木が日陰をつくる歩道には、将棋の対戦を取り囲むおじさんたち、ヨチヨチと小股で歩く纏足《てんそく》のおばあさんの姿も見かけ、のどかでゆったりとした時間が流れていた。

この歩道沿いには、小さな食料品店が四、五軒、一定の距離をあけて建っていた。鶏肉の燻製などを売る肉の加工品店、果物やたばこ、飲料水、菓子などを売る店、醤油やゴマ味噌、食用油、黒酢、卵などを売る店、米、小麦粉、トウモロコシ粉などを売る店……。庶民の普段の生活は、こうした近隣の店で間に合った。店主と顔なじみの客がほとんどで、和気あいあいとした雰囲気が漂っていた。

ただ、旧暦の年末になると、春節を家族で祝うため、二、三日前から食材を求める人たちが行列して買うほどのにぎわいで、どの店もてんてこ舞いになった。地元の中学校では、各クラス三人の

「人民の服務員」（ボランティア）を募り、春節の一週間前から店を手伝わせていた。

中学時代の手紙には、こう書かれている。

ですから（著者注・学友が働いているので）このごろ、友だちと学校の帰りに近くの商店街に遊びに行くのがたのしみです。ついムダづかいしてスイカの種やナツメを買ってしまいます。文具店には、ピンクや青の紙ちょうちんや、日本で七夕の時に飾る、動かすと形が変わる紙じゃばらみたいな物が売っていて小さい子の人気を集めているようです。昨日は大みそかで、夜からドンパチ爆竹の音が鳴り続けていました。

人びとが商店で買い物をするときは、毎月、職場ごとに配られる市や国発行の配給券を使わなければならなかった。食料一般から食用油、小麦粉、トウモロコシ粉、綿布、石炭、衣料までさまざまな配給券があり、それぞれに現金で購入できる量が記載されていた。欲しいものを好きなだけ買えるわけではなく、各人に配給される総量があらかじめ決められていた。例えば、食糧の場合、月に労働者一人三〇斤（一五キログラム）、その一二歳の娘が一六・五斤、といった具合だ。

外食をするにしても、配給券を出さなければ食べることができなかった。仕事で地方へ出張する際は、全国で通用する食料配給券を持参しなければならない。全国共通の食料券を持ってくるのを忘れたため、出張先で飲食店に入れず、ひもじい思いをした、という話を聞いた。

一方、王府井には、時計店、漢方薬店、茶葉店、「新華書店」、写真館など多種多様の商店が建ち並んでいた。北京ダックレストランの「北京烤鴨店」（現全聚徳）、デパートの「北京市百貨大楼」、ショッピングモールの「東風市場」（現東安市場）、首都劇場や人民日報社もあり、大通りは、いつも大勢の人がぞろぞろ歩いて賑わっていた。

王府井の写真館は大繁盛だった。当時、カメラを持っている人は珍しかったので、写真館で記念写真を撮ることが人びとの楽しみの一つだった。わたしも何度か級友に誘われて写真館に行ったことがあるが、あまりに待ち時間が長く、断念して帰ってきたこともある。

こうした繁華街での買い物は、近所の店とは異なり、慣れないと一筋縄ではいかなかった。常に品薄なうえ、配給券を持っていても、店員はいたって無愛想でサービス精神のない人が多かった。計画経済下では、店員と客の地位は対等とされ、客の方が気を使っているような光景も珍しくなかった。

人民市場に水筒を買いにいったとき、店員に「あれください」と言っても、知らん振り。他の店員とのおしゃべりに熱中して気づかないのか、最初から無視されているのか。こちらも粘って何度も大声で叫ぶと、ようやく面倒くさそうに棚からとってくれる有様だった。そもそも店に儲ける気があったのか疑わしい。そんな店員の態度に小学生の頃から接していると、腹も立たなかった。

当時の自転車は、いまのマイカーの代わりを果たしていた。自転車の荷台に野菜など食料を載せて漕いでいる人や、三輪車の荷台に病人を寝かせて病院へ運んでいる姿をよく目にしたが、その自転車も庶民には高嶺の花であった。

高額なうえ、勤務先の所属機関に年に数枚の自転車券しか配給されなかったからだ。購入するには、勤務先で順番を待たなければならず、自分の番が回ってくるまで数年かかることすらあったという。

(1) 一九六八年四月四日、アメリカのアフリカ系公民権運動の父、マーティン・ルーサー・キング牧師が暗殺された。毛沢東は一六日、黒人の闘争に力強い声援を送ろうと、世界に呼びかける論説を発表。それに支持を表明するデモが翌日、北京など全国各地で繰り広げられた。

第6章　労働者、農民、兵士に学び「世界観の改造」に挑戦

1　学級崩壊

「学級崩壊」という言葉が日本のメディアで広く使われるようになったのは、一九九〇年代半ば頃だろう。クラスが荒れて授業が成り立たなくなる現象が社会問題化し、教育現場で悲鳴が上がっていた。

手紙を読み返すと、一九六八年一〇月に入学した河北北京中のクラスも学級崩壊に陥っていた。生徒たちは授業中でもおしゃべりに夢中で騒がしく、教師の声がかき消される、席を立って歩き回る、マントウ（蒸しパン）をかじるなど教師の指示に従わない状態が二カ月以上続いた。

生徒たちは、メガネをかけた教師を「メガネザル」とか、「ネコみたい」と言って面白がっていた。教壇に立つ教師は、インテリを「九番目の鼻つまみ者」として軽蔑する風潮のなかで批判されるのを恐れ、ぼそぼそ声で教えていた。

わたしのクラスは、「良い出身」の生徒が八割を占めていた。たまたま、親が党や政府、解放軍、

工場の幹部の子弟がそろってしまったのだ。親の「威光」を笠に着た生徒たちは、怖い物知らずで、言いたい放題、やりたい放題。このため、授業中でも「無政府主義」が横行するようになった。

ほとんどが同じ胡同の住宅地に住み、同じ小学校から繰り上がってきたため、仲が良く、何事にも一致団結していた。一方、親が文革で批判の対象となった「悪い出身」の生徒は、おしなべて引っ込み思案で物静かだった。

ちょうど一年前に「授業を再開して革命を行え」という上の方針が出ていた。学校当局にとって、学級崩壊はこのまま放置することができない大問題で、学級をうまく機能させなければならなかった。

学校側が授業を立て直すためにとった手は、学級の再編・簡素化（精兵簡政）だった。一学年八学級を六学級に縮小するという名目で、わたしのクラスの生徒四三人を分散させたのだ。クラスの女子生徒は全員が分散に大反対で、学校側に泣いて訴えた。わたしは、泣くほどのことでもないだろうと冷めていたが、泣くまねをしているうちに本当に涙がこぼれてきた。

一二月の手紙には、「このごろは、授業中もシーンとしてきました。ちょっとでも無政府主義を起こし、ぐうたらしていたら階級の敵がよろこびます。私たちは、ぜったいに敵をよろこばせてはいけません」と書かれている。

しかし、それから二カ月も経たないうちに、「腐ったリンゴ」が箱のリンゴすべてをダメにするように全学級が「荒れる教室」になってしまった。男子生徒たちは徒党を組んでつるみ、いつも誰かをからかってはやし立てたり、汚い罵り言葉を浴びせてけんかしたりしていた。

困り果てた学校当局は、結局、一学期が過ぎた頃、一学年八学級制を復活させ、私たち四三人を元のクラスに戻した。相変わらず教師はばかにされ、騒がしかったが、入学当初よりはましだった。

学校に派遣されていた労働者宣伝隊のおじさんのサポートが生徒を惹きつけたようだ。生活指導や思想の授業で「おもしろく話してくれるので、みんなを笑わせ、ひきつけます。労働者の指導で、自由主義や無政府主義に反対する文章を書きました。以前に比べたら、だんぜんよくなりました」。

手紙では、自由主義という言葉が否定的な意味合いで使われている。文革中、自由と言えば、規律を無視して好き勝手やる、やりたい放題、放埒を意味する私的な文脈での自由を指した。

ところで、中一の頃は、なぜか男子と女子が対抗していた。思春期特有の意識し過ぎなのか。互いに話をしないし、一緒に遊ぶこともなかった。宣伝隊のおじさんが「男女が団結しなければ、革命で勝利を手にすることはできないよ」と訓戒を垂れていたことを覚えている。

2　中ソ対立と防空壕掘り

一九六九年三月三日の朝、河北北京中に登校すると、校庭で大音量を上げたスピーカーから「打倒蘇修《ダーダオスゥシュウ》！」（ソ連修正主義打倒）のスローガンががんがん鳴り響いていた。

何事かと思っていると、前日、中ソの国境を画する黒竜江省ウスリー江の中州の島、「珍宝島」

（ダマンスキー島）にソ連軍が侵攻し、激しい撃ち合いの末、解放軍に多数の死傷者が出たという説明が流れた。これが、中ソの軍事衝突として世に知られる「珍宝島事件」である。

北京や上海などの大都市で激しい抗議デモが沸き上がった。河北北京中も三日間続けて授業を中止し、先生に引率されてソ連大使館前で抗議デモを行った。「打倒ソ連修正主義！」、「打倒新ツァー！」――。生徒一人ひとりがこう叫び、反ソのスローガンが書かれた三角形の紙の小旗を振りながら大使館前の「反修路」を歩いた。雪で路面が凍結していたため、わたしは何度も滑って転んで尻もちをついた。みんなも同じで、小旗はボロボロになってしまった。

ソ修の方でも、中国大使館に押しかけて、ガラスをわったり、毛主席の像に石を投げたり、ののしったり、中国大使館員を傷つけたりの乱暴を働いたらしいです。私たちがソ修大使館に抗議デモに行くときは、国際的な礼儀を守って、だいぶ離れたところまでしか行きませんでした。それに、石を投げたりする暴力行為もしません。

当時の手紙には、こうデモについて書かれている。学校の革命委員会から、そういう説明と指示を受けていたに違いない。

その後、中ソ関係は悪化の一途をたどり、一触即発の危機に発展した。中共指導部が抱いた対ソ脅威認識はかなり深刻で、核攻撃を仕掛けてくるのではないかと本気で思っていたようだ。あるいは、毛沢東が国内を引き締めるため、対ソ脅威を煽ったのかもしれない。いずれにせよ、ソ連の核攻撃に備えて、中国各地の工場や学校などで大々的な防空壕掘りの活動が始まった。

わたしの中学でも一種の「臨戦態勢」が敷かれ、校庭に防空壕を掘ることになった。作業員による工事を革命委員会主任（校長）から教師、生徒まで男女を問わず、全員が手伝った。労働は、学校が各クラスに週一日のペースで指定した「労働の日」に放課後まで残って行われ、防空壕は一年後には完成した。わたしも有事に備えて一念発起したが、かなりきつい労働だった。

防空壕の壁をつくるために、学校から約一・一キロ離れた安定門の取り壊された城壁まで何往復しただろうか。まるでアリの行列のように約八キログラムもの重さの城壁のレンガを抱えて、とことこ歩いて学校と城壁の間を行ったり来たりした。「なんで、こんな余計なことをやるのか！」と心の中でつぶやいていた級友もいたようだが、わたしは「革命的」だった。こんな気持ちを手紙に綴っている。

とても大変ですが、私たちの身体と思想がしっかり鍛えられるので、がんばっています。一つ一つのレンガは普通のレンガより厚く、大きく、重いです。石灰がついているので、服はたちまち真っ白になります。（中略）でも、徹底的に人民に服務する観点があるなら、当然、こんなことはヘッチャラでなければなりません。ですから、自分が労働者になったつもりで、石灰だらけのレンガを胸に当てて運んでいます。

授業の合間にツルハシやスコップを使って穴を掘ったり、土を篩《ふるい》に掛けたり、セメントを練ったりする労働もさんざんやらされた。いまから思えば、素人の中学生がつくる防空壕なんて脆弱で危なっかしい。ましてや核攻撃に耐えられるものかは甚だ疑わしいが、当時は真剣そのものだった。

3 「打倒劉少奇」

「赤い八月」の頃から始まった劉少奇に対する批判は、中学校でも燃え盛っていた。すでに国家主席の座を追われ、幽閉の身になっていたにもかかわらず、劉少奇批判は激しさを増す一方だった。彼がかつて唱えた「階級闘争消滅論」が生徒たちのやり玉にあげられていたのだ。

当時は知る由もないが、国家主席の劉少奇と共産党総書記の鄧小平は文革前、市場メカニズムを部分的に導入し、停滞していた中国経済の立て直しに必死だった。毛沢東は、そんな二人を打倒し、権力を確固たるものにするため若者を扇動し、文革に火をつけたといわれている。

毛沢東の標的にされた劉は、「資本主義の道を歩む実権派」の司令塔と見なされ、一九六六年八月の会議で党内序列二位から八位に転げ落ちてしまった。翌年に入ると、劉少奇という名前に×が被せるように書かれた壁新聞（大字報）が街のあちこちに貼られるようになった。

母は、当時の街の様子を手紙に書いている。

私は仕事に就きたいと前から頼んでいましたが、どの職場も文化大革命で混沌としている様子で、とてもそれどころではないようです。ちょっとした要求でもなかなか通してもらえません。それほど、この革命は想像もつかないほど大変なようです。（中略）文化大革命もいよいよ国家主席の劉少奇、夫人の王光美、鄧小平などのお偉方の番になりました。街に貼られた大字報には、「打倒劉少奇」と書かれ、生活態度もいろいろ暴露されています。この人たちは資本主義になっているというのです。王光美が一九六三年、インドネシアのスカルノ大統領と腕を組んでいるところとか、煙草の火をつけているところなどの写真があちこちに貼られています。街には、赤旗を振りかざすデモ隊が「打倒劉少奇」と叫びながら歩いています。

わたしは、文革が正式に幕を開けるまで、劉少奇に対し肯定的なイメージを漠然と抱いていた。六六年春に北京飯店で催された映画鑑賞会で、国家主席によるインドネシアなど東南アジア四カ国歴訪の動きを追うニュース映画を見たときの印象が強かったためだ、と思う。

政府のトップが白いチャイナドレスを着てつばの広い帽子をかぶったファーストレディと並んで歩く姿、二人の優雅で洗練された立ち振る舞い、堂々とした態度に魅せられた記憶が残っている。しかし、子どもは時流、社会のムードに流されやすい。善玉から悪玉へとわたしの二人に対するイメージはほんの一年足らずで一転し、「悪いやつらは批判されて当然」と思うようになっていた。

中学に入ると、半年も経たないうちに、他の生徒と一緒に「階級闘争消滅論」に対する批判の声を上げていた。劉少奇は、もう階級闘争は基本的に終わったと言うが、学校で行われる批判大会などを見る限り、まだ資本家や地主は健在ではないか、「おかしい」と思っていた。

解放以後の中国に、どれだけの資本家や地主の反革命分子がかくれていただろうか。かれらは、機会を見つけては、毛主席と毛沢東思想を攻撃して、中国をかれらの楽園、すなわち資本主義の道に歩ませようとしていた！（中略）劉少奇自身、資本主義の道に歩みたくて人民を階級闘争消滅論でだまして、プロレタリアートがブルジョア階級に向かって闘争することをさせなかった。

手紙を読むと、まだ新入生なのにすっかり革命色に染まっている。劉少奇と書くたびに×をつけ、憎悪の念をあらわにしている。何が何だか分からないまま、大人の建前が子どもの「正義」になっていったのだろう。もうこの頃には、×の劉少奇に対する〇の毛沢東という二元論の構図が頭のなかに出来上がっていたようだ。

結局、毛沢東の政敵、劉は六八年一〇月に党籍を剥奪されて失脚し、約一年後には、自宅監禁の末に非業の死を遂げた。ファーストレディとして脚光を浴びていた王光美も六七年四月、清華大学で開かれた批判大会に連行され、外国訪問のときに着用したチャイナドレスを無理やり着せられ、その上にピンポン球のネックレスを掛けられて批判される。その挙げ句、「アメリカ帝国主義勢力のスパイ分子」として逮捕され、一二年間も投獄される運命をたどった。

4　憧れの紅衛兵に「入隊」

わたしは一九七〇年三月、紅衛兵組織に加入した。

紅衛兵といっても、前章の冒頭で触れたような、造反や武闘、破壊活動をやりたい放題やっていた文革初期の紅衛兵とはまったく異なる。すでに文革は沈静化の方向に向かっており、紅衛兵は学校と上部の教育機関が統制し、「思想の優良」な学生だけが入れる青少年組織になっていた。

しかし、前年の師走の初めにクラス担任の張洪臻《ジャンホンジェン》先生から声を掛けられるまで、自分は紅衛兵にはなれないと思い込んでいた。中学でも外国人はわたしだけだった。しかも、よいこの紅小兵とは異なり、紅衛兵への加入が認められるには、学外の上部委員会の審査もパスしなければならなかった。

わたしにとって、政治の授業を兼務する三〇代の情熱的なクラス担任の話は、よほど衝撃的だったのだろう。手紙に先生とのやりとりを興奮気味に書いている。長いので、その要約を紹介しよう。

張先生　紅衛兵の申請書を書いたかい?

万里子　えっ、申請書？　書いていません。
先生　どうして？
万里子　中国人ではないので参加できないでしょう。
先生　そんなことはないよ。紅衛兵は、誰でも参加できるよ。あなたにも紅衛兵になる資格はある。国籍や民族が異なっても、私たちは皆、革命という共通の目標に向かって一緒に闘っているのだから。共産主義者になるのに、まったく分け隔てはない。万里子だって努力次第で紅衛兵になれるよ。共青団員、中国共産党員にだって……。
万里子　共産党員にもなれるのですか？
先生　昔、日本軍の中にも中国共産党員がいたそうだ。考えてごらん、ベチューン同志は、中国革命を支援するため、わざわざ中国に来て、中国の同志とともに解放の仕事をしたではないか。革命は誰がどこでやっても、みな同じだよ。

ベチューン同志とは、カナダ人の故ノーマン・ベチューン医師のことで、かつて延安で医療活動に従事し、中国共産党を支援した人物として知られる。彼の国際主義を高く評価した毛沢東が発表した論文「ベチューンを記念する」は文革中、中国全土で広く読まれていた。
先生の話に励まされたわたしは、早速、加入申請書をクラスの委員会に提出し、約三カ月後には晴れて赤地に黄色い文字の「紅衛兵」と書かれた腕章を左腕につけることができるようになった

【6―1】 河北北京中学の女生徒たちと記念撮影。中央の男性教師の右隣がわたし。生徒全員が左腕に紅衛兵の腕章をつけている

【6―1】。

しかし、紅衛兵としてどんな活動をしたのかは覚えていない。政治学習の会合や、紅衛兵の仕事として、勉強が遅れた生徒を励ますために、その生徒と「談心」（腹を割って話す）という活動をしたような気もするが、はっきりしない。紅衛兵だからといって、のちの進学などで有利になったとも思えない。結局、革命と進歩の旗印を掲げる青少年団体に所属することによって、自分が革命的であると外見から判断できる社会的シンボルを得ることが重要だったのだろう。

ちなみに、紅衛兵組織に加入するには、何よりも親の「出身（階級）」が重要だった。労働者や貧農・下層中農、人民解放軍の軍人、高級幹部の子弟ならば、大きな問題はなかったが、親が資本家や地主、富農、反革命、悪質分子、右派出身の場合、子どもは反動的と見なされがちだった。もちろん、文革初期の頃とは異なり、「悪い出身」でも生徒本人の努力によって「思想が改造された」と判断されれば、紅衛兵になることはできた。それでも、一回目の申請で認められることはまずなかった。

5　四合院暮らしの庶民

中二のときに書いた手紙を読み返すと、つましい住まいが軒を連ねる北京の胡同（路地）の情景がよみがえる。

6月に入って、日中はとても暑くなりました。天気の変化とともに、町の様子もにぎやかになってきました。

天気のよい日は、夜8時過ぎでも下町の住人が道路をぞろぞろ散歩したり、小さな木の椅子にこしかけたりしています。子どもたちはキャーキャー、そこいらをあそび回り、自転車に乗る者はチリリン、チリリン。娘たちは小さな子どものおもりをしたり、老人たちは家の門の外にこしかけたり。庭でご飯を食べる者は食べ、頭を洗う者は洗ったりしています。

「マーリコー」、「マーリコー」……。

遠くから可愛らしい子どもの声が聞こえてくる。

いつの頃からか登下校で胡同を通るたびに五、六歳の女の子たちに呼びかけられるようになった。名前も知らない子たちだ。

千里眼なのか、どんなに遠くても「マーリコー」と呼びかけ、通りかかると口元をそろえて微笑む。

あるとき、「エ〜イ」（ハーイ）と応えると、その一人が小走りに近寄ってきて、片手に持った紙袋のなかの砂糖豆をくれた。

ほぼ毎日、一緒に登下校していたマオマオが「マーリコー」と透き通るような声で呼んでいたのが近所の子どもたちに「伝染」し、まねするようになったのだ。学校では「万紅」（ワンホン）とあだ名で呼ばれていた。なぜか彼女だけが中国人にとって発音しにくい日本名で呼んでいた。

あの頃、同じ胡同の筋向かいに家があったマオマオと、一つ先の胡同に住んでいた級友のアーホアとわたしは仲良し三人組だった。教室の席と家も近く、毎日、一緒にカーキ色の帆布のカバンを肩にかけて通学し、よくお互いの家で宿題をした。

二人とも下町風情漂う胡同に建てられた、「四合院」と呼ばれるレンガづくりの平屋で暮らしていた。一つの中庭を四棟の平屋が取り囲み、複数家族が住む北京の伝統的な住宅様式で、かつて寺院だったという広い四合院の場合、約三〇世帯が住んでいる、といったところもあった。

マオマオの家には、よく遊びに行った。小さな四合院の二棟に一家四人が住み、残りの二棟に別の一世帯が入り、中庭にあった便所は共同で使っていた。水道も共同使用だった。

各棟に一部屋しかなく、七畳ぐらいの部屋には、大きなベッドが所狭しと置かれていた。彼女と姉が一緒に寝ていたのだと思う。

冬は豆炭を使ってストーブで暖を取っていた。家に台所はなく、食事は部屋のなかのストーブでつくり、夏には中庭で調理することもあった。浴室もなく、一家は近所の銭湯に週一回のペースで通っていた。

こうした雑居住宅で暮らしていた級友がほとんどだったが、親が幹部クラスになると、ちょっと違っていた。

わたしの手紙には、マオマオと一緒に近所のアパートに住む級友を訪ねたときのことが書かれている。

　その女の子の父親は幹部らしく、所属機関のアパートに住んでいました。一般の平屋に住んでいる人に比べたら生活条件はいいです。（暖房の）スチーム管は通っているし。（中略）帰り道にマオマオが「あの子の家は立派でいいね。部屋がいくつもあるし、便所と洗面所がついているし」と言っていました。

当時の「幹部」とは、一般の労働者と農民以外の役職を指す。日本語のニュアンスとは異なり、政府や自治体の職員、教職員、工場や企業の管理職などが含まれた。ちなみに、マオマオの父親は電気工だった。

雑居生活をしていると、どうしても隣人の目が気になるものだ。あるとき、学校の教室でわたしの隣に座っていた級友が打ち明けてくれた。母親に「隣の席は日本人」と言ったら、「気をつけなさい。外国人と深く付き合うと、何が起こるか分からないからね」と注意されたそうだ。

外国人を家に招き入れているという噂が立てば、「スパイ」や「反革命」のレッテルを張られ、自宅や職場を追い出されかねない、と懸念していたのだ。彼女の父親は知識人で、「悪い出身」の烙印を押されていたため、ことさら他人の目に敏感にならざるを得なかったのだと思う。

そんな警戒感が父母の間に広がっていたにもかかわらず、外国人のわたしを受け入れてくれた級友は少なくない。子どもにとって、外国人と中国人を隔てる心の壁は低かった。軽く飛び越えてしまう。

級友同士は、いつも親しみを込めてあだ名で呼び合っていた。「馬蹄子《マーティズ》（ウマノヒズメ）」、「大鴨《ダーヤー》梨《リー》（大きなナシ）」、「魏猴児《ウェイホウル》（魏のオサル）」……。そして、その頃のわたしはいつも赤いセーターを着て、赤いマフラーを巻いていたので「万紅《ワンホン》」。

彼女たちに日本語の早口言葉を教えたら、おもしろがって口を大きく開いて何度も挑戦し、「ナマムギナマゴメナマタマーマーゴ」、「ボウズガビョウブニジョウズニボウズノエヲカイター」と言うことができるようになった。

自分の娘に引きずられてか、西洋人と異なり、顔つきが中国人と似ているせいか、わたしを迎え入れてくれた親もいた。

マオマオの家に行くと、母親が「青皮紅心大根」(中が赤いダイコン)の一切れを食べさせてくれたことがあった。豆とナツメを使った手作りのお菓子もいただいた。わたしの手紙には、「マオマオのお母さんから『このお菓子は北京の特産だよ。私たち老百姓(庶民)の食べもの。甘いでしょう?』と聞かれたけど、そんなにしつこくない甘さで、さっぱりしていました」と書かれている。

爆竹が鳴り響く旧正月の春節に、アーホアから「うちにおいでよ」と招かれて訪ねると、「新年《シンニエン》好《ハオ》!(新年おめでとう)」と、彼女とお母さん、お父さん、お姉さんが狭くて暗い部屋から出迎えてくれた。「さあ、食べて、食べて」と餃子やごちそうを次から次へとよそってくれた。

元宵節(旧暦一月一五日)のときも元宵湯(湯につかった黒ゴマあん入り白玉)を彼女の家でいただいた。お姉さんが「まあるい団子はね、家庭が福々しく円満であるようにという願いが込められているのだよ」と教えてくれた。

外界と隔離された高い塀の中にいては到底知ることが出来ない庶民の暮らしに直に触れ、物質的に決して豊かではないが、人びとの心は温かく、優しいことが分かった。塀の内と外では生活条件に雲泥の差があったが、わたしは、北京の路地住まいと「老百姓」の暮らしに引き込まれていった。

6　教育革命の実践と分配

「足の裏が痛くて思うように歩けない」。

一九七〇年一二月半ば、河北北京中の三年生約三〇〇人は、布団に洗面道具類を丸めた背嚢《はいのう》を背負って学校を出発し、北京郊外の農村まで数十キロ歩いた。

零下の厳冬を歩くため、これでもかと厚着した。下は、木綿と毛糸の股引を重ね、綿入れの長ズボンを穿き、足下は靴下を二足重ね履きに。上は、木綿のシャツにブラウス、ウールのセーター、綿入れの上着の上に人民服を着て、頭には耳当て付き帽子を被った。これだけ「防寒具」を身につけると、鎧《よろい》を着けた気分になる。

途中、何回か休憩し、背嚢を下ろして地べたに横たわり、背嚢の上に脚をのせて「休足」したが、次第に足を引きずって歩く姿が目につくようになった。

わたしもその一人で、大きな血まめができ、歩くのが辛い。

真冬の「行軍野営訓練」は、まだ始まったばかりだ。これから一八日間も農村で過ごさなければならない。

くじけそうになったわたしを元気づけたのが「革命の詩」だ。

休憩の際、みんな頭をめぐらせて漢詩をつくり、紙に書いて宣伝担当の生徒に渡した。行軍が再開すると、宣伝要員の七、八人が一か所に立ち、快板（竹製のカスタネットのようなもの）を打ち合わせて調子を取りながら、数人が大声で朗読し、通り過ぎる疲れ果てた生徒たちを励ました。

一二三四五　学做小老虎　　一二三四五、小虎みたいになろう
向前困难冲　不怕任何苦　　困難に向かって突進し、どんな苦しみも恐れない

「紅軍の二万五千里を思えば、行軍の道などなんのその………」、「革命戦士の意志は固い」、「万里の長城に至らなければ、好漢にあらず………」など七〇点余り。どれも力強く、熱気を感じさせるものばかり。わたしも宣伝チームの前を通ると、不思議に一瞬、心が弾み、やる気が出てきた。

しかし、しばらく歩くと上半身がぶれ出し、グラっときた。すると、周りの級友たちが代わる代わる手で体を支えながら歩いてくれた。カバンや水筒などの手荷物を持ってくれた生徒もいる。

やっとの思いで宿泊先の農家に着いてオンドルに上がると、心配してくれた同じ班の女子たちがまめの治し方をああでもない、こうでもないと話し始めた。こんなとき、いつも気に掛けてくれるのが親友のアーホアで、「靴下を脱いで足を出してみて」と言う。足を出すと針でまめを刺して水を押し出し、「こうやると、治りが早いよ」と刺したところに糸を通してくれた。

この訓練は、毛沢東が唱えた「教育革命」の一環だった。今風に言えば、現場で実践しながら学ぶ体験型学習で、座学だけでなく、労働者と農民、兵士から現場で「再教育」を受けることが目的

だった。本校では、夏は農家に寝泊まりして麦刈りや田植えを手伝う「援農」、冬は長征に参加した紅軍の苦難に思いを寄せ、心身を鍛える「野営行軍訓練」への参加などが必修だった。

姉に宛てた手紙には、こう書かれている。

ちょうどいまは一番寒い季節なので、人の思想と意志を鍛錬するには好い機会なのです。重い布団をしょって長征するのは、とても苦しいものです。足にまめが出来たり、くじけたり、いろいろな困難にあった人が沢山いました。私もその一人でした。でも、先生や友達が、カバンを持ってくれようとしたり、毛主席の語録や革命の詩で励ましてくれたりしたので最後までガンバルことが出来ました。

真冬の訓練で体と精神を追い込んで沸いてきたのは連帯感だ。信頼できる仲間とつながっているという肌感覚は心地良い。

こうした「革命の輪」をつくる仕掛けは、日々の「政治活動」でも用意されていた。その一つ、デモへの参加は中学でも義務と見なされていた。やれ毛沢東主席の最新指示が出た、やれ林彪副主席の重要講話が発表された、やれ党中央書記局から通知が出たとか、その度に中学の教職員と生徒は、どんなに夜遅くても天安門近くまでドラや太鼓を叩き、爆竹を鳴らしながら行進した。

学校側から何時に集合せよといった事前通告はなく、生徒たちはラジオ発表か外のドラや太鼓の音を聞きつけると、集合の号令を聞いたかのように学校に集まった。娯楽がまったくなかった時代だからか、デモ行進を苦に思ったことはない。むしろ、ドラや太鼓の音が聞こえてくると、ウキウキした。級友たちと一緒に赤旗を先頭に掲げ、ワイワイ、ガヤガヤと街を練り歩くのが楽しかった。男子生徒たちは、ドラや太鼓を強く叩いて、音の大きさで他校のデモ隊と競い合っていた。みんな何のためのデモかはどうでもよく、お祭り気分を味わいたかったのだと思う。

集会にもよく行った。一九七〇年五月二一日、「世界人民のアメリカ帝国主義に反対する闘争を支持する集会」が天安門広場で開催されたときは、私たち中学二年生が「標兵」（目印として立つ人）の任務を担った。

全員おそろいの白いブラウスに紺のズボン姿で、午前四時ごろ学校を出発し、天安門にかなり近い所まで歩いた。そこで早朝の寒さをしのぎながら、やってくる参加者の目印となった。

手紙を見てみよう。

集会は一〇時頃から始まり、（天安門の楼上には）毛主席や林彪副主席などのえらい人たちが大勢来たようです。旗や横断幕が多くて天安門の前をふさいでいるため、あまりはっきりは見えませんでしたが、私は確かに、この二つの目で毛主席と（カンボジアの）シアヌーク（殿下）を見ました。特に毛主席が出てきた時、私だけでなく、何十万もの人たちがとても感動して、自然に口から「毛主席万歳」、「毛主席万歳」の力強い声が飛び出したのです。

この集会の前日、毛沢東の「全世界人民は団結し、アメリカの侵略者とその手先を打ち負かそう」という声明（五・二〇声明）が発表され、学校にも「毛主席の最新指示」として伝達された。これを受け翌日、わが校の生徒を含む首都の各界群衆五〇万人が天安門広場に集結したのだ。デモや集会だけでなく、天安門広場で催される国慶節やメーデーの祝典にもよく動員された。中一のときは、夜七時から始まる国慶節の「交歓の夕べ」に参加する任務を果たした。午後五時に級友二〇人と学校から約一時間も歩くと、北京飯店前の長安街はピクニック気分が盛り上がっている。

地べたに座り、おしゃべりしたり、こそこそお弁当をのぞいたり。食事のときは、ムシャムシャ、パンやマントウを食べ、リンゴやナシを五、六人に分けてあげたり、焼き豆をカリカリ食べたり、いやはや、みなさん、けっこう楽しそうでした。仲間がナシのかけらを口に押しつけてきて、「食べな」という。意外においしいではないですか！

高揚感を盛り上げるため、花火の演出や文芸宣伝隊によるライブなどの仕掛けも準備されていた。

「大海の航行は舵取りが頼り」、「我らは大道を行く」、「紅旗翻る」という三つの革命歌が流れると、私たちだけでなく、天安門を中心にして東から西までの大通りにいる人たちがみな集団で踊りました。人が多くて、学校で練習したときよりも踊りづらかったが、踊りが苦手の男の子たちもまじめに踊っていました。交歓の夕べは夜十時に解散し、家に帰り着いたのは十一時でした。

こうした活動ばかりを紹介すると、普通の勉強はまったくしなかったと思うかもしれないが、英語、（中）国語、数学、歴史、物理、化学などの授業は行われていたし、テストもあった。ただ、日本やいまの中国の受験競争とは無縁の世界で、成績は学業だけでなく、「政治思想」と「労働」、「団結」、「紀律」を加えた五基準を基に総合的に評価された。言い換えれば、学業よりも毛沢東思想の学習や援農、行軍訓練、政治活動への参加度に重きが置かれていたのだ。

わたしは、学業はともかく、後者をコツコツこなしていたので、中学三年の学年末には「五好戦士」（思想や革命的情熱、大衆とのつながりなど五つの項目で優良な生徒）の一人に選ばれ、クラスで表彰された。

例年通りならば、一九七一年の七月に夏休みが始まり、秋には中学を卒業するはずだったが、この年は、なぜか一二月半ばまで延期になった。

九月に入ると、わたしは国慶節で披露する人文字作りの任務を割り当てられ、校庭で級友たちと猛練習していた。みんな中学最後の大仕事だと張り切って練習していたので、突然、国慶節のイベント中止を告げられたときは狐につままれたようにキョトンとした。

当時は知らなかったが、「林彪事件」が起きていたのだ。権力闘争が激化し、毛沢東主席の後継者と見なされていた林彪副主席によるボスの暗殺、クーデターの企てが失敗し、九月一三日にモンゴル上空で謎の墜落死を遂げた。その噂はすぐ広まり、誰もが大きな衝撃を受けた。毛沢東の「最も親しい戦友」が、一夜にして党、国家の「裏切り者」に一変したのだから、まさに青天の霹靂だった。

それはさておき、卒業が近くなると、わたしのクラスは「分配」の話題で持ちきりになった。高校進学か、工場か、近郊の農村で働くか、師範学校に進んで教師になるか。河北北京中では、この年の卒業生は、この四つに分配されることになっていた。それを決めるのは外部の上級委員会で、生徒の希望と社会の需給を勘案して決められる。

生徒の希望が必ずしも通るわけではないが、雲南省、海南島、新疆ウイグル自治区などの辺境に下放された文革初期の「老三届」（一九六六—六八年の間に中学を卒業した紅衛兵世代）よりはかなりましだった。

当時の手紙には、クラス内でささやかれていた声が綴られている。

高校は頭がよくて、思想もよいやつが行くところ。師範学校は教師になるけど、ピイピイうるさいヒヨッコの小学生相手のようだ。工場はいいけど、町工場ではね。

学校側は、こうした生徒たちの考えを把握し、何度も何度も「思想工作」（進路指導）を行った。教師の説得を素直に受け入れた生徒は、自筆で便箋に「私の第一志望は革命に従うことです」と書いた「決心書」を学校に提出し始めた。毛沢東の決定に従い、どんな所に行かされても絶対に不満を言わないという意思表示だ。

その後、第一志望の願書と、それに添付された「分配に従う」と書かれた紙に卒業予定者全員が署名した。結局、わたしのクラス四三人の多くが工場と農村に分配された。高校進学は私を含め六人、師範学校は二人だけだった。解放軍にも分配とは関係なく、十数人が入った。

7　人間性を露わにした文革

これまで見てきたように、文革時代の初等・中等教育は、「革命の後継者」の育成のみを目ざし、学業より労働や政治学習を重視した。毛沢東思想の実践を通し、生徒の世界観を改造しようとしていたのだ。中学時代のわたしは、そんな体験型教育に何ら疑問を抱かず、嫌だとも思わなかった。一五歳のときに書いた手紙を読み返すと、まじめに「世界観の改造」に取り組んでいる。

世界観を改造するということは、そう簡単なものではない。本当にプロレタリアの世界観になるのは、とても難しいことだと分かりました。ある中国の子は、「私たちは、みな、赤旗の下で生まれ、赤旗の下で育ったので、私たちと世界観の改造はあまり関係がない。そんなことは解放前に生まれた大人たちがやればいいのだ、と思っていた。しかし、こういう考えは間違っている。これから社会に出る私たち青年こそ、世界観の改造を努力して行わなければ、革命の事業に服務することはできない」と言っていました。私は、中国の子より、もっとブルジョア思想の影響を受けているから、もっと努力しなければならないと思いました。

中学時代のわたしは、生真面目そのものだった。あの頃の中国人が抱いていた、白い鉢巻を締めてメガネをかけた日本人のイメージとぴったり重なり合う。毛沢東語録の教えを学校でまじめに実践しなければならないといった「脅迫観念」に駆られ、ルーティンをせっせとこなしていた。ただ、当時の手紙を通しで読むと、小学校時代にはなかった気持ちが芽生えていたことに気づく。農村学習やデモに明け暮れた学校生活を結構楽しんでいる。級友たちは、革命の建前に縛られていたものの、概して自由闊達で青春を謳歌していた。

それにしても、なぜ、あれほど没個性の画一的な教育に抵抗なく順応することができたのか。良く言えば、好奇心旺盛、悪く言えば、物事に左右されやすい性格だからか。単に幼稚だったのかもしれない。一つはっきりしていることは、あの頃のわたしは、中国人の生徒と同じように考え、振る舞うことに一生懸命だった、ということだ。この点、言葉のハンディがあったので、行動で

「みんなと同じだ」と示すことができる「革命的」な教育はわたしにとって好都合であった。

努力の甲斐あって、ほとんどの活動に参加が許され、中国人の生徒と同じように過ごすことができたが、守衛が警備するＡＡＪＡ書記局の敷地内の家で暮らす外国人であったため、クラスメートの目に「外国のお客様として優遇されている」と映るのではないかとおびえていた。

中学の先生は、学校で唯一の外国人だったわたしに対して、「友愛精神と国際主義の精神で接しろ」と級友らに指導していたようだ。そのせいか、実際に、「万里子は特別扱いされている。ちゃんとデモに参加していないじゃないか」などと嫉んでいた生徒が少なからずいることを薄々感じていた。

だから、やれ革命だなどと勇ましいことを吹いていても、自分がＡＡＪＡの敷地の門扉から運転手付きの車に乗って出かけるところを友達に目撃されることを恐れていた。小心者のわたしは、車で外出せざるを得ないときは、いつも車の後部座席の窓の下に縮こまって隠れていた。

いま振り返ると、農村や工場、軍隊で体験学習をしたからこそ、中国社会の実情と「仕組み」がある程度分かるようになったと思う。きつい労働を通して忍耐力がついたとも自負している。「闘私批修」の学習会は、弱い自分をしっかりと見つめる大切な時間でもあったと思う。

ただ、文革が終わるまで社会や学校にくすぶっていた「出身血統論」には、複雑な思いが残っている。

「悪い出身」イコール「悪い思想」の持ち主と見なされる風潮が社会に蔓延していた。中学でも高級幹部の子弟ら「良い出身」の生徒が「悪い出身」家庭のクラスメートの足を引っ張ったり、紅衛兵組織への加入を妨害したりする陰湿ないじめが横行していた。このため、生徒たちの間で疑心暗鬼が生じ、「悪い出身」の生徒は、揚げ足を取られないよう絶えず警戒していた。

分配が出身に左右されることもあった。勉強ができたのに、高校進学の希望がかなわず、工場行きになった「悪い出身」の級友は、そのときの悔しさをいまも引きずっている。「高校に入っていれば、また別の人生を歩んでいたかもしれない。平等でなかった。思い出すと、本当に悔しい」と唇をかむ。

文革は、人間の本性を露わにした。「出身」を盾に自分より弱い立場の存在を探し、痛めつけることで自己を守ろうとする者と、差別や偏見を戒め、思いやりとつながりを大事にする者を浮かび上がらせた。

第7章　革命的ジャーナリズム

1　毛沢東思想がＡＡＪＡの指導原則に

文化大革命の嵐が吹き荒れると、父が働いていたアジア・アフリカ・ジャーナリスト協会（ＡＡＪＡ）もその影響をもろに受けるようになった。アジア・アフリカ（ＡＡ）諸国の左派系ジャーナリスト団体が国境を越えてつながる非政府組織という体裁は辛うじて維持され続けたものの、組織の「司令塔」は事実上、中国共産党の対外宣伝機関に変質してしまった。

その変化を内外に強く印象づけたのが、書記局が一九六七年六月一五日から一七日まで北京で開催した第五回総会だ【7―1】。書記局が北京で正式に活動を再開してから一年余りのころだ。北京飯店内のオフィスから北京市北東部の広大な敷地内の二階建ての洋館へ移転した時期と重なる。

書記局が「歴史的な節目」と位置付けた第五回総会は、「偉大なプロレタリア文化大革命を断固として支持する」ことなどを盛り込んだ決議案を採択し、毛沢東思想の学習と実践、宣伝を加盟団体のジャーナリストらに呼びかけた。決議は、次のように毛沢東を「礼賛」している。

【7—1】 総会後にAAJAの書記らと会見する周恩来首相（最前列の真ん中）首相の右からジャウォト書記長、マヌエラ書記。最前列左端がサイードサリム書記。2列左から4人目が父（1967年6月）

毛沢東主席は、中国の革命と人民だけでなく、世界中の抑圧された人民と国々を先導してきた。それ故、毛沢東主席は、中国人民の偉大な指導者かつ教師であるとともに、世界中の革命的な人民の敬愛する偉大な指導者である。（中略）偉大な毛主席の思想は、アジア・アフリカ、ラテンアメリカを含む世界中の人民が帝国主義と修正主義、反動勢力に反対する闘争を行ううえでの指導原則になった［The Secretariat of the AAJA ② 61］。

ジャウォト書記長は、この総会の意義について「毛沢東思想をＡＡＪＡの指導原則として堅持するという新たな路線を採択したことにある」と強調した。ＡＡＪＡが一九六三年の創設時から堅持してきた「ジャカルタ宣言」から毛沢東思想を指導原則とする路線への変更を宣言したのだ。

ジャカルタ宣言は、AA諸国のジャーナリストに対し、平和共存や内政不干渉の原則を重んじる「一九五五年のバンドン会議の精神と情熱（elan）への忠誠を育むべき」などと訴えているAAJAの基幹的な宣言で、前回（六六年四月）の北京総会でもその堅持が再確認されていた。

そもそも、ジャカルタ常駐の書記たちは、動乱のインドネシアでは、バンドン精神を鼓舞するジャカルタ宣言に沿って活動することができなくなったと訴え、書記局をジャカルタから引き揚げ、北京へ移転することを進言し、前回総会で正式に了承された経緯がある。それにもかかわらず、書記局は、あれほど大事にしてきた宣言を事実上放棄し、毛沢東路線へ舵を切った形だ。

具体的には、毛沢東の教え「政権は銃口から生まれる」に従い、第三世界における武装闘争を奨励した。採択された決議は、武装闘争について「アジア・アフリカ、ラテンアメリカの人民を帝国主義と新旧植民地主義から解放するための唯一の方法である。（中略）平和的な手段では真の独立と勝利を達成することはできない」と強調。そのうえで、ベトナム、ラオス、タイ、インドネシア、北カリマンタン、マラヤ、フィリピン、南イエメン、オマーン、パレスチナ、コンゴ、アンゴラ、モザンビーク、ポルトガル領ギニア、ジンバブエなどでの武装闘争への支持を表明している。

2　秘密の「革命組織」による指導

この路線変更は、書記局の自発的な発案、動議に基づいたものとは必ずしも言えない。当時、第五回総会の開催に深くかかわっていた新華社の穆広仁《ムーグアンレン》・元副編集長が興味深いエピソードを紹介している［穆］。

それによれば、穆氏は、党中央の指示を受け、ジャウォト書記長の自宅を訪れ、「毛沢東思想をＡＡＪＡの総綱領として受け入れ、文革を持ち上げるよう求めた」。ジャウォト氏が「ＡＡＪＡは、異なる社会制度、異なるイデオロギーの国々のジャーナリスト団体から成る組織である」と述べ、特定の国の政策に従属させることはできないと断ったため、中央が採択した文書を見せながら説き伏せたという。穆氏は、結局、「強制だった」、「無理やり押し付けた」と認めている。

中国当局から財政支援を受けていた当時の書記局に、穆氏の要請を拒否する選択肢はなかった。とりわけ、インドネシアを追われたジャウォト氏の立場は弱かったと思う。

こうした圧力の背景にあるのは、中国外交の極左化だ。毛沢東は、一九六一～六五年に第三世界の七四政党から三七四回にわたり一八九二人を受け入れ、ゲリラ戦の戦略指導をしていた［矢吹① 127-130］。その実践を理論化したのが、林彪国防相（副主席）が六五年に発表した論文「人民戦争の勝利万歳」で、全民皆兵の実行やゲリラ戦・持久戦など武力で政権を奪取した中国の経験が第三世界の革命闘争に役立つと説いた。「人民戦争論」は、「農村」である第三世界のＡＡ諸国が、アメリカ帝国主義勢力の「都市」を包囲する、民族解放闘争の中国モデルとして知られる。

毛沢東は一九六六年九月九日、外交部門においても「革命化しなければならない。さもないと危険だ」という通知（九・九通知）を出し、外務省などでの文革運動の高揚を助長した。

翌月には、党中央は、「各国に駐在する大使館領事館の主要任務は、毛沢東思想の宣伝と文革運動の展開」であるという決定を下し、文革運動は海外へも飛び火した［青山 187-192］。海外公館でも実権派と造反派の闘争が繰り広げられ、造反派が毛沢東語録を配ったり、宣伝したりするようになった。

要するに、当時の中国は、かつて周恩来がバンドン会議で表明した平和共存路線を放棄し、「革命の輸出」に注力し、世界中に赤旗を立てようとしていたのだ。

北京の新華社も海外支局に対し、外国人が毛沢東選集を学んだり、活用したりしている姿を報道するよう指示した。穆氏は、「私たちは、報道は真実でなければならないとの原則を顧みず、（中略）毛沢東選集四巻の英語版の中の武装闘争に関する論述を抜き出し、アフリカ人たちに読ませ、その学習成果を語らせ、それを報道したのだ」と振り返っている［穆］。一種の「やらせ」だ。

結局、書記局の活動も中国国内の権力闘争から無縁ではいられなかった。紅衛兵の暴走で中国が大混乱に陥ると、書記局の唯一の支えだった中国記者協会が有名無実の存在になってしまった。ＡＪＡの理解者であり、文革運動の外交への波及を食い止めようとしていた周恩来首相の影響力が一時的に弱まったことも響いている。書記局にとって大きな後ろ盾を失った形だ。父は、当時の外国人書記たちの心境について、こう思い返している。

私たち、南アフリカ、タンザニア、シリア、セイロン、インドネシアそして日本の六家族グループは、狂乱の海にほうり出された国際的孤立同然になってしまった〔杉山①〕。

父の回顧によれば、中国記者協会に代わって、書記たちの活動と生活は、党や政府のどこに属するか分からない正体不明の集団が「指導」し、そこから書記局の中国人書記を通じて外国人書記に指導の内容が伝わってくるようになった。陰で糸を引いている「革命指導部」の責任者とその所在は、一切秘密にされていた〔同〕。

また、中国全土の職場と学校で行われていた毛沢東思想の学習会と「批判と自己批判」が書記局内でも行われるようになった。中国人書記を批判する大字報（壁新聞）が出たこともある。AAJAの創設と書記局の北京移転に尽力した中国記者協会の李炳泉書記も造反派につるし上げられ、「走資派」、「裏切り者」、「スパイ」、「反動文化人」のレッテルを貼られた。

その揚げ句、一九七〇年五月初めには、「残酷な迫害」の犠牲になってしまった〔楊翊〕。AAJAの中国側責任者の一人であった『人民日報』の唐平鋳総編集長も「激しい党内闘争の中で、時には利用され、時には突き放されて、濡れ衣を着せられ、いやというほど苦しみをなめ」、七年間も監禁されていたという［唐 315］。

3　マンガと記者研修で宣伝工作

では、書記局は、具体的に、どのように毛沢東思想や世界革命の中国モデルを宣伝したのだろうか。

第二章で挙げた書記局の三つの活動、即ち、①友好交流、②記者研修、③機関誌の発行について見てみよう。

まず、文革期の友好交流で書記局が特に力を入れたのは、海外への友好訪問団とマンガ展だ。書記局による友好訪問団の派遣は、一九六六年二月〜六七年一二月の間に集中している。訪問先は、計二五カ国【表7―1】。父も団長として団を率い、六六年一二月と六七年一〇月から各二カ月かけて中東・アフリカ諸国を訪れ、現地の記者協会や政府幹部らと会談し、難民キャンプや新聞社などを視察した【7―2】。父は、兄と姉に宛てた手紙にこう書いている。

クウェートの大油田地帯を見たり、モーリタニアで遊牧民の酋長のテントで羊の肉を手づかみで食べるごちそうになったり、広い、広い砂漠の高原をジープで突っ走ったり、話のタネはまた増えた。だけど、本当の仕事は、これらアラブの国々の新聞人とパレスチナ解放の闘い、

【7―2】 現地の新聞社を視察するAAJA友好訪問団

アメリカ・イギリスの石油帝国主義との闘い、アラブ人民の闘争を裏切っているソ連修正主義との闘いについて話し合うことだったし、こうした話し合いで意見の一致を確認することだった。成果は十分にあった。

ＡＡＪＡの機関誌に掲載されたアラブ訪問の成果報告によれば、父たちは、「あらゆる機会を使って毛沢東思想を宣伝した」。これに対し、例えば、パレスチナ解放機構のアフメド・シュケイリ初代議長は毛沢東を高く評価し、「毛主席の軍事の考え方、特に人民戦争論は、我われを解放への道に導いてくれる。どんなに多くの困難に直面しても、人民戦争を通して占領地を解放するというパレスチナ人民の決意は固い」と述べたという。イエメンで会ったゲリラ兵は、「毛沢東語録を持って戦場に赴いた。毛主席の教えに基づいて闘争する」と語ったそうだ。

一方、中国メディアは国内向けに、訪問団の「成果」を大々的に報じた。例えば、中東アフリカ訪問団の帰国報告会を取材した人民日報の記事は、「アラブの人びとは、毛沢東語録を訪問団から奪うようにとり、いたるところで情熱的な青年が毛沢東思想を学習し、革命闘争を実践している」（六七年一二月三〇日付）などと書き立てている。

【表7―1】ＡＡＪＡ友好訪問団の派遣（一九六六年二月〜一九六七年一二月）

年月	訪問国・地域
1966年2月	パキスタン　アラブ連合共和国（UAR）　タンザニア
1966年8月	ベトナム
1966年9月〜10月	パキスタン　ネパール　カンボジア　マリ　セネガル　ギニア　シエラレオネ　南アフリカ
1966年12月〜1967年1月	シリア　パレスチナ（ガザ西岸）　イエメン　イラク　クウェート　レバノン　UAR　モーリタニア　ザンビア　ウガンダ　エチオピア　ソマリア
1967年10月〜12月	UAR　イエメン　スーダン　イラク　クウェート　シリア　アルジェリア　モロッコ

【7―3】 作品名：毛沢東思想は世界人民の心の赤い太陽　作者：中国、江蘇省マンガ・グループ。『亜非人民反帝漫画選』（頁未記載）より

マンガ展では、書記局主催の「アジア・アフリカ人民の反帝国主義マンガ展」が一九六六年一一月から四〇日間、北京で開催され、計一一〇万人が訪れた。翌年には、上海と瀋陽でも開催された。

　展示された作品は、二四カ国の作者が描いた計一八〇点。各国の帝国主義を風刺し、毛沢東思想を宣伝する作品ばかりだった【7―3】。展示の狙いは、中国の人たちに毛沢東思想と文革が海外でも燃え上がっていると印象づけることにあった。展示された作品を集めたマンガ集は、英語、フランス語、アラビア語の各版が中東・アフリカ諸国で配布された。

　二つ目に挙げた記者研修は、一九六六年一一月から七一年三月まで北京で計五回開催された【表7―2】。三～四カ月のコースで、毛沢東思想の授業が新たに導入された。その分、ジャカルタ時代の二回の研修で力を入れていた取材・編集などの授業は減ってしまった。ジャウォト書記長の言葉を借りれば、「受講生は、職業記者ではなく、革命的な記者になるために、ここに来た」からだ。

　受講生は、人民戦争論や自力更生論などを学び、毛沢東思想の観点から国際情勢をどう見るべきか、自国の闘争をどう進めるべきかなどについて討議した。毛沢東に魅せられ、中国共産党に入党した米国人ジャーナリストのシドニー・リッテンバーグ氏や、前出のティウィの父親であるイブラヒム・イサ氏による講義もあった。受講生は、毛沢東バッジを渡され、紅衛兵と一緒に毛沢東語録を朗読したり、壁新聞をつくったりした。人民公社を視察し、湖南省韶山市にある毛沢東の故居を訪ねることもお決まりのコースだった。

【表7―2】文革期の記者研修

	開始年月	記者の出身国・地域	人数
第3回	1966年11月	モザンビーク アザニア（南アフリカ） レソト 南西アフリカ ジンバブエ セイロン インドネシア	13
第4回	1967年6月	コンゴ ダホメ（現ベナン） ギニア	4
特別回	1967年11月	日本	11
第5回	1968年5月	パレスチナ スーダン アザニア ソマリア	4
第6回	1971年3月	コンゴ	12

4　機関誌で毛沢東思想の「普遍性」を宣伝

ＡＡＪＡの機関誌 *Afro-Asian Journalist* も毛沢東と文革賛美の一色に塗り替わってしまった。総じて言えば、毛沢東思想が大きな影響を海外へ及ぼし、アジア・アフリカ各国で革命が同時進行しているかのように思わせる記事や論評、写真ばかりになってしまった印象は拭えない【7―4】。

この機関誌の特色である見開きのページは、毛沢東の言葉を引用し、世界各地で革命勢力が毛沢東思想を学習し、実践しているイメージをわかせるように写真を並べて視覚で訴えるようになった。中国で文革が盛り上がっている風景を紹介するページもある【7―5】。裏表紙にも海外で展開されている武装闘争の様子を紹介する大きな写真が掲載されるようになった【7―6】。

ジャカルタ時代のコンテンツと比べ、とりわけ目につくのが武装闘争の提唱とソ連批判だ。平和共存を理念に掲げていたジャカルタ時代には、武装闘争をあからさまに鼓舞することは控えていたが、文革期の記事には、「弾みがついたアンゴラ人民の武装闘争」、「アフリカから見た中国の文革」、「アフリカ革命と人民戦争」といった見出しが踊り、毛沢東の「政権は銃口から生まれる」という言葉が盛んに引用された。どの記事も各地で中国の革命モデルがどのように実践されているかを伝え、民族解放闘争を勝利に導くには、武装闘争しかない、平和的手段で真の独立を勝ち取ることはできないと説き、各地の武装勢力への支持を表明している。

THE SEIZURE OF POWER BY ARMED FORCE, THE SETTLEMENT OF THE ISSUE BY WAR, IS THE CENTRAL TASK AND THE HIGHEST FORM OF REVOLUTION.
—MAO TSE-TUNG
AFRICA UP IN ARMS

【7—4】　武器を持って立ち上がるアフリカ
（左上から時計回りに）毛主席の著作に夢中になるモザンビークの自由の戦士、アンゴラの基地で訓練中の武装ゲリラ、敵から奪取した武器の目録をつくるアンゴラの武装兵、攻撃前に戦争計画を練るポルトガル領ギニアの武装兵、ポルトガル領ギニアの武装ゲリラの集団、銃を握り敵を殲滅する準備を整えるコンゴの武装兵　出典：*Afro-Asian journalist* Vol.5, No.1 (March 1968), P24-25

　ＡＡＪＡとソ連との関係について言えば、すでにジャカルタ時代から冷却していたが、ソ連を名指しで非難する論評は避けてきた。そもそも、ＡＡＪＡの創設を決めたＡＡジャーナリスト会議（一九六三年四月）にソ連主導の国際ジャーナリスト機構（ＩＯＪ、本部プラハ）のオブザーバー参加を認めていた。一方、ＡＡＪＡの書記局側も、ＩＯＪの関連会合に代表を送っていた。

　しかし、文革期に入ると、毛沢東思想に追従し、人民の最大の敵であるアメリカ帝国主義勢力とともに、「米ソ協調」を唱

【7—5】 中国各地で盛り上がる文革
（左上から時計回りに）北京の中学校で開かれた闘私批修の会、上海の大通りで壁新聞に目を向ける通行人、青島の紡績工場で中国のフルシチョフ（著者注・劉少奇）が唱えた反動論を批判する労働者、敵の攻撃に備える海軍の司令官と戦闘員、湖南省長沙の食肉加工工場で大衆の歓迎を受ける解放軍の兵士、大豊作だった山西省の大寨（同・文革期に「農業は大寨に学べ」というスローガンが叫ばれていた）、北京の機械部品工場で就業前に毛主席の言葉を学ぶ労働者。出典：*Afro-Asian journalist* Vol.4, No.5 (December 1967), P22-23

えるソ連も国際統一戦線から追い払うべきだという論調や記事が目立つようになった。「人民の大義を裏切るソ連修正主義者」、「ソ連修正主義者——武力革命の敵」といったタイトルの記事や論評が頻繁に掲載され、ソ連とＩＯＪは革命運動を分裂させる反動「裏切り者集団」だと糾弾し、ソ連修正主義勢力に断固反対するよう呼びかけている。

【7—6】　文革期の機関誌——武装蜂起を連想させる裏表紙
訓練中のジンバブエの武装ゲリラ　出典：*Afro-Asian journalist* Vol.7, No.2 (July 1970)、裏表紙

5　あらゆる報道は政治の道具

中国の記者と編集者はとくに、革命の担い手であるという意識が強かった。毛沢東は、こう主張した。「権力をうち倒そうとすれば、まず世論をつくり出し、イデオロギーの領域で活動を行わなければならない。革命側の階級もその通りだし、反革命の側の階級もまたその通りだ」と。「新聞の仕事に携わるものが大衆を教育するには、まず大衆に学ばなければならない」とも。

毛沢東の考えに感銘を受けた記者は、報道・出版を階級闘争の手段と見なし、奪権のための宣伝工作に奔走した。記者の使命は、常に人民の側に寄り添い、人民と一緒に生活し、ともに闘争しながら、人民が直面している問題をつかみ出して記事にし、大衆を革命へと奮い立たせることだった。

文革期の書記局は、こうした報道形態を「革命的ジャーナリズム」（revolutionary journalism）と呼び、自分たちの報道・出版の手本にした〔The Secretariat of the AAJA ④〕。書記局がＡＡＪＡ創立五周年を記念して作成した一九六八年四月六日付の小冊子「アジア・アフリカの全ジャーナリストへの呼びかけ」〔同⑤〕は、「政治と政治闘争から切り離された専門職（profession）をジャーナリズムとは見なさない」と断言し、あらゆる報道は政治（階級）の道具以外の何物でもないとの見方に与する。

ジャウォト書記長も四月の演説で、「革命的ジャーナリズム」について熱弁をふるい、報道の党派性、階級性を否定し、政治的中立や報道の自由、客観報道を金科玉条のように唱える「ブルジョア・ジャーナリズム」は「欺瞞」に満ちていると批判した〔*Afro-Asian Journalist*, Vol.5, NO.3 (August 1968), 3-5〕。新聞が権力を奪い、権力を強固にするための宣伝の「武器」であることを隠し、修正主義を振りまき、結局は、帝国主義勢力と独占資本の利益に奉仕しているからだという。

ＡＡＪＡの設立時、ＡＡＪＡはどの国の政策にも加担しない、独立した不偏不党の国際機関であるべきだと主張した加盟団体の声は、文革の嵐でどこかに吹っ飛んでしまったようだ。残された資料を見る限り、より良き世界へと変革するためだという「革命的」な動機がすべてを正当化した印象は否めない。

父は、当局による書記局への圧力などには不満を持っていたが、この頃はまだＡＡＪＡの前途に希望を託していたようだ。父が一九六九年四月、大学生の兄と姉に宛てた手紙にはこう書かれている。

ここでの仕事がお父さんを必要としなくなるまで、お父さんは、ここに留まって任務を果たさなければなるまいと思っている。（中略）現在の任務を放り出し、日本に帰るわけにはいかない。歯を食いしばって、我慢し抜いていくしかない。

6　塀の中のアジア・アフリカ

書記たちの活動は文革の影響を免れなかったが、家族同士の付き合いはイデオロギーとは無縁であった。

私たち一家は、中国側から提供された広大な敷地にジャウォト書記長（インドネシア）、マヌエラ書記（スリランカ、当時はセイロン）、サイードサリム書記（タンザニア）の三家族と一緒に住んでいた。父たちは、職住近接という形で敷地内の二階建ての洋館で仕事をし、その周りに建てられた四軒の中国式家屋にそれぞれ家族と暮らしていた。敷地は塀で囲まれ、守衛が警備していた。

当時の中国の庶民は、地味な人民服を着て、胸には毛沢東バッチを付けていたが、夫人たちは思い思いの格好をして過ごしていた。ワンピースなどの洋服が当たり前で、カラフルなサリーなどの民族衣装姿もよく目にした。

塀の中で会えば、あいさつしたり、会釈したりする程度の近所付き合いは、一年も経たないうちにお茶やパーティーに呼んだり、呼ばれたりする仲に発展していった。いま思うに、文化や言葉、風習の違いがトラブルを引き起こさないようお互いに適当な距離を保っていたようだ。それでも、わたしの母方の祖母の訃報が日本から届いたときは、ジャウォト夫妻とマヌエラ夫人、サイードサリム夫人らがお悔やみに訪ねてきて、すぐに帰国することができなかった母に「ミセス・スギ、気を落とさないで」と慰めの言葉をかけてくれた。

大人たちの共通言語は英語だった。母は英会話が不自由だったので隣人たちとのコミュニケーションには常にもどかしさを感じていた。週三回、先生について習っていた初級の中国語でなんとかこなしていた。「聞こえる、聞こえる。お母さんとインドネシアのおばさんのカタコト中国語、調子外れの中国語……」と、わたしは手紙に書いている。それでも、インドネシア料理をジャウォト家で習うには十分だった。

料理と言えば、近所同士でしょっちゅう各国の家庭料理をお裾分けし合った。スリランカのカレーやタンザニアの羊料理……。わたしは、とりわけ懐かしいアヤムゴレン（鶏のから揚げ）などのインドネシア料理をジャウォト家からいただくのが楽しみだった。

敷地内には、四家族合わせて計一〇人の子どもがいた。どの子も中国語を流ちょうに話し、十代

【7—7】 サイードサリム家で開かれた次女の誕生日会に呼ばれて

の子どもたちは中国人と同じような格好をして通学していた。わたしは比較的年長だったので、夫人たちからしばしば子守役を頼まれ、泊まり込みでベビーシッターをしたこともある。そのせいか、子どもたちの誕生日パーティーにもよく招かれ、その度に各国料理を味わうことができた【7—7】。

わが家の前に住んでいたサイードサリム家からはいつもにぎやかなスワヒリ語が聞こえてきた。わたしが「お姉さん」としてよく面倒をみたのが、一〇歳下の長男エディと妹のジャミーラだった。ジャミーラはよくわが家に遊びに来た。日本人形がお気に入りだったことを覚えている。

マヌエラ氏は、ジャカルタ時代の頃はまだ独身だったが、書記局が北京に移転した二年後に本国から新妻を連れてきた。スリランカの正月に当たる四月のある日、夫妻はみんなを招いて自宅でパーティーを催した。サリーが似合う夫人は、敬虔な仏教徒で、正月の朝九時まで台所の火はつけてはならない、という伝統をしっかり守ってパーティーの準備をしたそうだ。

塀のなかで暮らすようになって一年が過ぎた頃、母が日本に一時帰国することになった。ジャカルタへ飛び立ってから初めての帰国で、日本に残した兄と姉の様子を見ることが目的だったが、それを知ったアジア・アフリカの住人たちからは、たくさんの買い物を頼まれた。

ナイロン製の下着一〇枚、ワンピース用の布地、毛染め、ファンデーションなどの化粧品、血圧の降圧剤、コーヒーミル、ポケットサイズのトランジスタラジオ、双眼鏡、カメラに付けるストロボ、日本民謡のレコード、航空便用の封筒、ベビーカーなどなど。母の手紙に書かれている品目から、文革期の中国でどれほど日用品の物不足が深刻だったかがうかがわれる。

母が船で運んだ荷物を北京に戻って渡すと、「インドネシアの人たちは大喜び」。「日本のものはすばらしい」。わたしも「少年少女文学全集」、ワンピースやスカートなどのおみやげをもらったが、「恥ずかしがって着なかった」と手紙に書かれている。目立ちたくなかったのだろう。

ところで、日本と国交がなかった時代の日中間の往来は非常に大変だったようだ。北京から広州まで国内便に乗り、そこから列車で深圳経由で香港へ入り、また羽田まで飛んだ。東京滞在中は、再渡航に向けて外務省と法務省に何度も足を運び、旅券発給まで三カ月もかかったという。

帰りは横浜から中国の貨物船「東風」に乗船し、上海で下船した。東風号が中国と朝鮮半島の間の黄海を通ったとき、けたたましくベルが鳴ったので甲板に出てみると、大勢の船員がガヤガヤ騒いでいた。上空を見ると、米軍機が威嚇するように何度も旋回している。船員たちは悔しがり、なかには米軍機を銃で撃つまねをしていた者もいた。母の記憶に刻まれた冷戦時代の一コマである。

7　千客万来のわが家

ＡＡＪＡ書記局には専属のコックさんが派遣されていた。毎日、洋館の厨房で調理し、昼食と夕食を各家族の家まで運んでくれた。中華料理がメインだったが、ボルシチやピロシキなども得意だった。

一五歳のときに書いた手紙によれば、毎週、日曜の昼食に決まって出た担々麺に舌鼓を打った。「実においしい。真っ赤なおつゆがとてもからかったが、そこにまた、細かい味が含まれているのですね。おなか一杯のいまでも、よだれがたれそうなくらいおいしい担々麺！　日本のみなさんに食べさせたい」。

わが家では、基本的にはコックさんがつくる料理を食べていたが、母もしばしば自炊した。こんにゃく粉からつくる手作りのこんにゃくや、崩した豆腐と細かく刻んだキクラゲ、ニンジンなどで揚げたがんもどきでおでんを煮てくれた記憶が残っている。のり巻きやちらし寿司、赤飯、里芋の煮物、天ぷら、雑煮、みそ汁などもつくってくれたし、日本の知人からノリやふりかけ、佃煮、ようかん、せんべいなどのおみやげもしょっちゅういただいたので、日本の味が恋しくなることはなかった。

お手伝いのおばさんが家に通い、掃除や洗濯、縫い物をしてくれたが、外国人に対する「監視」と感じたことはなかった。いま思うに、常に監視されていた海外メディアの特派員とは異なる待遇を受けていたようだ。

【7―8】 愛新覚羅浩さん（北京の愛新覚羅邸で）

わが家は、邦字紙の駐在記者や中国記者協会関係者ら日中の来客が多く、千客万来だったと言ってもいいだろう。そのなかでも、いまも忘れられない「常連客」が二人いる。
一人は、清朝最後の皇帝、溥儀の実弟、溥傑と結婚し、満州国に渡った愛新覚羅浩さんだ【7―8】。終戦の動乱で彼女は夫と離ればなれになり、いったん日本に帰国したが、一九六一年に労働改造所から釈放された夫と一六年ぶりに再会し、北京で一緒に暮らしていた。母とは、困ったときに助け合う仲で、ヒロさんの自宅の風呂が故障したときは、わが家に風呂を入りに来たこともある。大みそかには、自分でつくったという栗きんとんや昆布巻き、卵焼きなどのおせち料理をお裾分けしてくれた。

公家華族の出自ながら波瀾万丈の人生を送ったヒロさんだが、母とお茶を飲みながら世間話をするときは、朗らかで声の大きい「肝っ玉かあさん」を連想させた。悲劇の「王妃」という印象はなかった。

わたしが姉に宛てた一九七一年五月の手紙には、ヒロさんの生き生きとした口調が描かれている。

お昼にアイシンカクラのおばさまから電話がありました。「あ、もしもし……。あの、お嬢さまね……。あの、お荷物がもう（天津の）新港に届いたそうですよ……。何かそちらにお連絡でも？」とおばさま。私が荷物なら昨日こちらに届きましたと答えると、おばさまは突然、奇妙な声を張り上げて、「あハァー、もう着きました？……あのね、お嬢さま、そいじゃ、いつもお家にいらっしゃらないのでしょう？」いつも学校で、家には日曜だけいますと言うと、「あっ、今日はお休み、ざましょ？」ハイと答えると、「それなら、これから、取りに行ってもよいでございましょう、かしら？」

もう一人は、かつて周恩来首相のもとで対アジア・アフリカ外交に力を注いだ廖承志先生だ【7―9】。

東京生まれの廖先生は、東京・九段の暁星小学校に通い、早稲田大学で学んだ日本通。新華社社長、外務省顧問、アジア・アフリカ人民連帯委員会主席などを歴任し、中日友好協会会長として両

【7—9】 廖承志夫妻 1978年10月（東京の迎賓館赤坂離宮で）

国の架け橋となった。

父の良き理解者だった先生には、家族ともどもお世話になった。先生は、マグロの刺身、とくにトロが大好物だった。それを知った日本の「友好人士」が北京を訪れる度にトロの大きな短冊を土産に持ってきた。すると先生は夕刻、もらった土産をわが家に持参し、母が刺身にして一緒に食べた。

テーブルを囲みながら、紅軍一万二五〇〇キロの長征のとき、第四方面軍に参加し、大雪山を三回、大草原を三回通ったことや、毛沢東夫人の江青に対する憤慨など興味深い話をたくさん聞かせてくれた。

経普椿夫人は、心臓病を患っていた先生の健康を気遣い、「周総理からも『不多吃、不偷吃、不都吃』（沢山食べない、盗み食いしない、全部食べない）と言われているのですよ」と教えてくれた。

　若いころ、革命運動に身を投じ、中国内外で六回も逮捕された。文革中は五年間も北京市内の某所に軟禁されたにもかかわらず、「大した問題ではない。自分にとっては、よい経験だった面もある」と責めなかった。革命には挫折が付きもの、楽観主義の精神が不可欠だと確信していた。

　偉い人なのに堅苦しさは少しもなく、親しみやすい先生との会話は、いつもユーモアにあふれ、心温まるものがあった。天下国家のことばかりではなく、草の根の人びとや若者たちまでにも気を配っていた。

　廖先生には、子どもが七人いたが、わたしより三つ年上の末娘のティンティンは頻繁にわが家に出入りするようになった。甲高い声でハキハキと話し、物怖じしない彼女が大好きだった。父親思いで、軟禁中の先生のために日本の雑誌を貸してと頼まれ、週刊誌や総合雑誌を持たせたことを覚えている。

　ティンティンを通じてヨウミンとも親しくなった。彼女は、人民解放軍の創始者の一人である賀龍元帥の娘で、当時、廖先生の自宅に同居していた。両親が文革で批判されて拘禁され、途方に暮れていたこの娘を友人のティンティンが自宅に連れてきた。あの頃、先生の自宅の門の前には、「廖承志を焼き払え」などと書かれた壁新聞（大字報）が貼られていた。自分の身も危ういのに、廖先生は温かく迎え入れ、「自分の家のように過ごしなさい」と言ったそうだ。

　ティンティンたちは、よくわが家に来て、私たちのために獅子頭（大きな肉団子の煮込み鍋）などの中華料理をつくってくれた。おしゃれがタブーだった当時の中国では手にすることができなかった『ミセス』や『装苑』など、日本の女性ファッション誌を食い入るように見ていたティンティンの姿がまぶたに残っている。悲しいことに彼女は、八一年三月に病気で早世してしまった。

第8章　暗雲の切れ間から差し込んだ陽光——「造反有理」の嵐の後

1　ニクソン訪中——米帝のボスを待ち受ける大衆

一九七二年二月二一日、ニクソン大統領が米国大統領として初めて訪中し、中南海で毛沢東主席と握手した。二八日には、アメリカ側がすべての中国人は「中国はただ一つ、台湾は中国の一部」だと主張していることを認識し、この立場に異議を申し立てないと表明し、米中双方が平和共存、反覇権などを確認し合った米中共同宣言（上海コミュニケ）が発表された。

この間、私たち一家は、毎日、午後六時半になると、隣のＡＡＪＡ書記局オフィスの大広間に飛んで行き、ジャウォト書記長一家とサイードサリム書記と一緒に白黒テレビを囲み、一日一回の五分余りの国営放送のニュースを見入った。

あの握手を皮切りに、周恩来首相との会談、中国政府主催の晩餐会、外相会談、大統領夫妻による人民公社と工芸品工場の視察、十三陵・万里の長城・故宮・頤和園見学、動物園でのパンダ観賞、ニクソン夫人による北京飯店の厨房見学……。ニクソン訪中の動静を伝えるニュースに接して、こんな素朴な疑問に駆られた。

「長年の敵同士がそんなにすぐ仲良くなれるのだろうか」

それは、あの頃の中国人なら誰もが抱いた疑問だろう。「アメリカ帝国主義は敵」と頭に叩き込まれてきたからだ。「米帝」と聞けば、自然に「反対」と叫ぶように洗脳されていた。当時のわたしの手紙には、「ニクソンと夫人らの表情は愛想よく、一見、とても機嫌がよさそうな感じですが、実際はどうなのかな? 心から笑っているのだろうか? それは、今後の行動で分かると思います」と書かれている。

米中接触の動きは、六九年ごろから始まっていた。それが、紆余曲折を経て、七一年七月のキッシンジャー大統領補佐官による秘密裡の訪中につながったことは周知の事実である。キッシンジャーの帰国後、ニクソンは、中国側の招待を受け、翌年上半期に訪中する方針を発表し、世界を驚愕させた。

たしかに、ニクソン訪中は、米中が過去二〇余年にわたる敵視政策を転換し、和解へ道筋を開いた画期的な出来事だったと言えよう。中国から見れば、アメリカが初めて国共内戦の結果と蔣介石の敗北を認め、「中国共産党が中国を統治することに異議を唱えるのをやめたのである」［マン 83］。

それを促したのは、キッシンジャーが回想するように、イデオロギーではなく、地政学的な利害の一致だった。『三国志』の世界の発想だ。アメリカは、ニクソン訪中によってソ連を揺さぶり、緊張緩和（デタント）を深めたかった。一方、中国も太平洋を挟んだ「米中の矛盾」よりも「中ソの矛盾」の方が深刻だと判断し、アメリカ大統領を招待することを決めた。国境を接するソ連の軍事的脅威に対抗するため、戦略的に「アメリカ・カード」を切ったのだ。驚くことに、ニクソン訪中の期間中、キッシンジャーは大統領の了解を得たうえで、葉剣英・党中央軍事委員会副主席らに対し、極東ソ連軍の配備状況と能力について詳細な情報を教えていた［NSA 3］。

その後、米ソは、第一次戦略兵器削減条約に調印し（七二年五月）、訪中の電撃的発表の直前にその概要を知らされ、驚愕した日本は「ニクソンショック」をバネに一気に日中国交正常化まで成し遂げた（七二年九月）。ニクソン訪中がなかったら、七九年の米中国交正常化もなかっただろう。

こう見てくると、ニクソンが帰国直前の上海での演説で、自身の訪中を「世界を変えた一週間」と自画自賛したのもうなずける。しかし、当時の中国は、まだ文革のさなかで、一般大衆の見方が急激に変わるはずもない。ニクソン一行を迎え入れることにすら違和感、抵抗感を覚えていた。不倶戴天の敵だと教え込まれてきた「米帝のボスを家に招き入れる」ことを簡単には受け入れられなかったのだ。

指導部は「アメリカ・カード」を切ったものの、どうニクソン訪中を大衆に説明すべきか頭を抱えた。

周恩来首相らは、ニクソン招聘について、①毛沢東主席の革命外交路線の一環で、米帝への反対は変わらない（アメリカは敵のまま）、②ニクソンは台湾問題の解決のためにやってくる、という線で宣伝工作を進めたものの、「極左思想の氾濫」で接待の準備が遅れかねないと判断し、七一年一二月初めに次のような大方針を打ち出した。「冷たくもなく熱くもなく、傲慢でもなくへりくだるのでもなく、礼儀を持って接待し、人（著者注・アメリカ人）に無理強いしないようにしよう」［逸名］。

これをどう解釈すべきか。具体的な行動に移すことは、そう簡単ではない。その頃、わたしが巷で聞きつけてきた解釈が手紙に書かれている。

ニクソン訪中は、とても重要なことだから、七億もの人民に早くから思想の準備をさせているようです。あまり左になっても、あまり右になってもダメ。どう間合いをとるかが重要だそうです。卵や腐ったトマトを投げつけてやろうと考えたり、アメリカと仲良しになるのだと調子に乗ったりするのも間違いです。中国は決して原則を曲げない。

北京市では、ニクソン一行が訪れる予定の宿泊施設や観光施設、工場、商店などの各職場で接待班をつくり、「今回の招待は、毛主席の革命外交路線を守る一つの闘争であるから、しっかり準備しよう」と指示した。一行が通る道路沿いの住民や学校にも同様の指示が下り、街の化粧直しが始まった。

当時、わたしは一六歳で、自宅からそう遠くない高校に通っていた。いま振り返ると笑ってしまうが、いつアメリカ人が突然訪ねて来ても清潔な校舎に見えるようにしなければならないという指示を受け、教師も生徒も窓拭きや教室と廊下の掃除に精を出していたことを覚えている。内容は忘れてしまったが、大統領の同行記者が生徒に質問を投げかけた場合の想定問答もあった。そして、大統領夫妻が北京入りした日は、放課が遅くなった。工場も退勤を遅らせたようだ。

ニクソン夫妻の北京滞在中に二回、雪が降ったが、一行の車が安全に通行できるようにと、大勢の人が除雪に動員された。わたしは、その徹底ぶりを手紙にこう綴った。

雪が止むと同時に、雪は街から消えました。気候のせいかな？　いや、そうではない。街に一歩出ると、大通りも小道も、胡同もどこもかしこも、小さな子どもから婦人、老人までガチガチ、ガーガー、スコップやほうきで雪かきをしています。それは徹底しています。道が凍って事故が起きたら具合悪いとのこと。何しろ（ニクソン一行は）百人以上の新聞記者を引き連れているそうですからね。うるさい情報屋たちが、カメラやテープレコーダーを何台も抱えて北京中をうろつき回っているそうです。

2　「禁書」解禁で読書にふけった高校時代

北京第五中は、男女共学の中高一貫校（一九二八年創立）で、わたしが入った高級部（高校）には、レベルの高い教師がそろっていた。ニクソン訪中の約二カ月前に入学した一九七一年期生は二クラス計約一〇〇人。毛沢東の方針で廃止された高校が復活後初めての新入生だった。

文革以前の三年制から二年制に短縮されたものの、七〇年ごろから再開された大学への進学が当然視されており、厳しい選抜をくぐり抜けてきた新入生はみな勉学意欲に燃えていた。

とはいえ、高校でも教育革命の指導原則は浸透しており、「又紅又専《ヨウホンヨウヂュアン》」(思想と専門的な技能のどちらにも優れていること)が求められ、相変わらず労働者と農民、兵士に学ぶ体験学習は必修だった。

当時の手紙を頼りに、高二のときに体験した工場学習を振り返ってみよう。

一二月、毎朝、通勤客でぎゅうぎゅう詰めのバスに揺られながら北京市内のディーゼル工場へ約三週間通った。

ガソリンエンジンやディーゼルエンジン、発電機の製造工場で、従業員は約八〇〇〇人。工場内には食堂や託児所、浴場、労働者クラブなどがあった。

生徒たちは、労働者の指導を受けながら、ヤスリでガソリンバブルをゴシゴシ擦ったり、旋盤で部品を削ったり、工場の製品を使って物理の先生から技術の授業を受けたりした。この体験を通して、「大手の工場の労働者は農民に比べ、ずっと条件がよくて楽であることが分かった」。

高二に上がったばかりの九月には、河北省保定市にある中国人民解放軍第三八集団軍駐屯地で半月間、隊内生活体験をした。

兵舎に泊まり、朝、起床ラッパが鳴ると素早く起きて布団を畳み、身の回りを整理整頓して外に出て、整列の訓練をする。「気をつけ」、「右向け右」、「左向け左」、「前へ進め」……。自動小銃の扱い方や射撃、手榴弾の投げ方も教わった。山の上で行われた本格的な軍事訓練も見学が許された。「兵士たちはみな純朴で優しかった」。体験入隊のおかげで、自分の行動が以前よりも機敏になり、軍隊式に布団を素早く、四角に畳むのが得意になった。

手紙を読み返して気づいたことは、中学時代とは打って変わって革命色が消えていることだ。毛沢東の教えを称えたり、忠実に実践する姿を誇示したりする記述がまったくない。体験談を淡々と書いている。

まだ文革の最中ではあったが、わたしの高校生活は、林彪事件後に実権を握った周恩来首相が「極左思想」を批判し、イデオロギー統制が緩んだ時期と重なる。学校では、革命委員会は依然存在したものの、それを支えていた労働者宣伝隊と解放軍宣伝隊は姿を消し、毛沢東崇拝の教育は影を潜めていた。

学校生活は、小・中学の頃とは様変わりした。

まず、毎日のように行われていた、『毛主席語録』を毎日読む「天天読《ティエンティエンドゥ》」がなくなった。デモや集会などの政治活動や防空壕掘りのような校内労働もグーンと減った。その分、学業の比重が増し、教科の猛勉強が当然視されるようになった。

いままで、私たちは随分、極左の毒を受けていたものだな、と先生の話を聞きながら思いました。これまでは融通の利かないやり方でしたが、これからは生き生きと自然にやるそうです。例えば、作文一つ書くのもあまり抽象的にならないようにとのこと。いわゆる「問題を以て学習を行う」なんていうのは間違いです。日記の内容が赤いかどうか分からないのに、「赤色日記」などとするのもよくないそうです。

授業は、英語、数学、国語、化学、物理、政治の六教科で、教師たちは「時間を惜しんで学べ」と励ました。級友たちは勉強家で、自習時間に英語の教科書以外のものを、辞書を引きながらノートにメモして読んでいる姿をよく目にした。「高校に入れたことが心の底からうれしかった。勉強のチャンスが巡ってきたという思いでいっぱいだった」。教室でわたしの隣に座った級友と二〇一四年のクラス会で再会した際、こう彼女は振り返ったが、ほとんどのクラスメートがそう思っていたに違いない。

わたしはと言えば、山ほどの宿題と中間テスト、期末テストの重圧に押されていたが、毛沢東色が薄まった本格的な授業に新鮮さを感じていた。

特に、担任の呉昌順《ウーチャンシュン》先生（後に校長）の国語の授業はピカ一で、初めて受講したときの感動は大きかった。

当時は、文学教材から締め出されていた作品のなかで唯一、魯迅の作品が解禁になったばかりのころ。先生は、魯迅の『阿Q正伝』、『薬』などの小説のほか、『忘却のための記念』、『劉和診君を記念する』などの雑文を生徒に朗読させたり、感想文を書かせたりした。そのときの興奮を手紙で伝えている。

国語の授業がすごく面白いです。魯迅の言葉を引用したり、中国民話を入れたり、ドレミファソラシド～と音楽的なものを入れたり、初耳のことを話されるので、みんなをひきつけます。国語が嫌いだった私も、あの先生のおかげで国語の素晴らしさが今日の一時間あまりの授業で分かりました。これからあの先生のお話を聞くのが楽しみです。

生徒たちはみな読書に飢えていた。あの頃の中国の人びとは、文革の影響で文学作品を読むことができなかった。書店に行っても、置いてあるのは主に『毛沢東選集』や『毛主席語録』などで、文学作品は文革期に活躍した作家、浩然の長編小説『艶陽天』くらいだった。

中国の四大名著『西遊記』、『紅楼夢』、『三国志演義』、『水滸伝』ですら「破四旧」の対象にされ、印刷も販売も閲読も許されなかった。『紅楼夢』が大好きで何回も読んだが、文革期に立派な装丁の紅楼夢を焼いてしまったという級友もいた。

もっとも、人びとは、文革前に出版されて「禁書」や「毒草」とされた小説や、手抄本《ショウチャオペン》（手書きで写した本）と呼ばれる小説を秘密に回し読みしていた。そんな「文革中の地下文学」として代表的なのがサスペンス色の強いスパイ小説『一双绣花鞋（一足の繍花靴）』（况浩文）とラブストリーの『第二次握手（二回目の握手）』（張揚）で、中国全土で回覧されていた。

ところが、幸運にも、そんな規制も高校に入学した頃から緩み始めた。周恩来が一九七一年二月に「青少年のためにも古い小説を一切合切、『破四旧』と見なすわけにはいかない」と発言し、その一年後に中国古典文学の書籍を中心に出版を解禁するよう指示した〔秦〕。それを受け、中国人作家に限られてはいたが、文学系の本が少しずつ書店に並ぶようになった。

クラスメートたちは、四大名著が出版されると、さっそく買ってむさぼり読んだ。さらに、この解禁の波に乗じて、まだ禁書のままだった中国と外国の小説をこっそり回し読みし始めた。

ある生徒は、『青春の歌』（楊沫）や『静かなドン』（ミハイル・ショーロホフ）など五〇作余りを友人・知人から密かに借りて乱読していたという。級友の多くは、『赤と黒』（スタンダール）や、『ゴリオ爺さん』（オノレ・ド・バルザック）など、ヨーロッパの小説が読みたくて、あの手この手を使って手に入れて読んでいた。自宅に隠し持っていた『ジャン・クリストフ』（ロマン・ロラン）を先生にも貸し出した級友もいた。

わたしに限れば、ほとんどの級友が読んでいた中国の小説『紅岩』（羅広斌、楊益言）や旧ソ連の『鋼鉄はいかに鍛えられたか』（N・A・オストロフスキー）以外に、日本から送られてきた『赤毛のアン』シリーズ（L・M・モンゴメリ）や、『ジェーン・エア』（シャーロット・ブロンテ）、『恍惚の人』（有吉佐和子）、『次郎物語』（下村湖人）、『橋のない川』（住井すゑ）などで、みんなとはまた違う読み物の世界にふけることもできたが……。

作家の高橋源一郎氏が「いままで必要のなかった知識を得て、いままで考えたことがなかったことを考える。その時間が突然生まれた。いったいいつ以来だろう」と、自身の読書体験を回想するコラムを読んだことがあるが、私たちの場合は、高校入学以来だった。

それは、とても、とても貴重な時間だった。生徒たちは、いつ再び政治に左右されて締め付けがきつくなるかもしれないと不安を感じていたので、まるでカイコが桑の葉を食べるように本を読みまくっていた。

本だけではない。文革中は音楽も、映画も、演劇も偏った内容のものばかりで、文化は砂漠と化していた。

娯楽と言えば、自宅のラジオから流れる、革命をテーマにした京劇を楽しむ程度だったせいか、映画館の前はいつも若者がたむろしていた。といっても、上映されていたのは中国の戦争映画がほとんどだった。あの頃の庶民にとって唯一、世界をのぞく窓となっていた外国映画は、友好国のアルバニアと北朝鮮の作品にほぼ限定されていた。なぜか、ソ連映画の『1918年のレーニン』もよく上映されていた。それに出てくるバレエ「白鳥の湖」だけを見たくてチケットを何枚も購入し、わずか三〇秒のバレエのシーンが終わると、そそくさと映画館を出る人もいたという。

外国の歌曲は、ほとんどが「反動的」、「退廃的」とされていたが、労働歌、革命歌とされた「インターナショナル」は、毎日のようにラジオから流れていた。アルバニア歌曲の「北京—ティラナ」や北朝鮮の「花売り娘」なども流行した時期があった。ロシア民謡の「トロイカ」や「カチューシャ」は反動的と批判されていたが、若者たちはこっそり口ずさんでいた。

そうしたなか、当局の禁を破り、もし上層部に見つかったら、批判や処分の対象になることは免れなかった。それでも、新しい知識を得たい、という欲求は抑えられなかった。規制はほんの少し緩んだに過ぎないが、高校生の好奇心と知識欲はどんどん膨み、ありとあらゆる手段を使って未知の新しい世界を知ろうと躍起になった。

わたしの場合、高校を卒業する頃には、頭のなかの「革命の世界」はすっかりすぼんでいた。

3 「日本の鬼ども」が村に

北京中心部から北東に約三五キロの順義県（現・順義区）の「沙浮村」。その名前から連想するように、全体が砂の中に埋まったような村で、緑がまったくなかった。風が少し吹くだけで、砂ぼこりが舞い上がった。

一九七二年の初夏、わたしは、約一〇〇人の生徒と一緒に深夜、学校を出発し、徒歩で五時間かけて朝五時ごろ村に到着した【8―1】。

この村は、高校二年の体験学習の一環である「社会調査」の対象で、生徒たちは農家に分宿し、一二日間かけてフィールドワークを行った。村の人口は当時、一〇一九人（二三四戸）、耕地面積は六〇ヘクタール。

高校時代の中国は、まだ貧乏だった。極左の影響が弱まり、米中和解の道が開かれても、経済の回復は遅れ、中国各地で生活必需品の物不足が深刻化していた。一般家庭にある家電製品はラジオぐらいで、テレビや洗濯機はまだ普及していなかった。カメラを持っている人も少なかった。香港に近い貿易都市でも、マッチ、石鹸、電池、綿布などが不足し、住民が苦しい生活を強いられていた。最近の文革研究によると、「計画経済は大多数の一般庶民の暮らしを向上させることができずにいた。一九七四年になってようやく、多くの都市で、住民の基本的ニーズを満たすのに必要な物資の半分をかろうじて生産できるようになった」[ディケーター 下 105]。

【8—1】 早朝、背嚢を背負って農村に社会調査へ（1972年6月、自宅前で）

特に、農村の窮乏は深刻だった。食料不足に陥り、一九七六年頃まで多くの農村で飢餓が蔓延していた。前掲の研究は、北京や天津といった中心都市を抱える河北省でも、「一九七五年には五〇〇〇万人を超える農民が食料不足に陥っていた。青県《せいけん》県《ママ》ではどの村でも、一人当たり一日に平均四〇〇グラムの食料しか摂れていなかった」と分析している[同 107]。わたしも沙浮村での体験を通して、農村の実態が北京に来た七年前とまったく変わっていないことを実感した。

どの家も日干しレンガで造られ、一軒、一軒が土の壁で囲まれていた。農民の主食は、トウモロコシの粉をこねて円錐形にして蒸した「窩頭《ウォトウ》」で、コメや肉、魚はほとんど食べていなかった。わたしと女子五人のグループは、貧農・下層中農の七〇代のおばあさんと四〇代の娘の二人暮らしの農家にホームステイすることになった。

この親子の家は、土間を挟んで左右それぞれに一部屋しかない平屋だった。早朝、家に到着すると、私たちは、すぐ左側の六畳程度の部屋に案内され、おばあさんが用意してくれたお湯で痛くなった足を温め、昼過ぎまでオンドルの上でぐっすり眠った。

滞在中は毎日、人民公社の生産隊の麦畑で午前に四時間半、午後は三時間の農作業をした。主に麦抜きと脱穀場での作業だったが、この村ではなぜか、昔から鎌を使う麦刈りはせず、地面から抜くやり方だった。生産隊長が麦抜きのコツを手に取るように教えてくれたが、焼けつくような太陽の下で腰を曲げ、一株、一株、力を入れて引き抜くうちに手はマメだらけになり、汗が止らなかった。

麦畑の先頭はまだはるか先、と気が遠くなりかけたとき、ふと、そばで抜いている生産隊のおねえさんたちを見ると、大声を上げて笑ったり、おしゃべりしたりして実に明るかった。このとき、私たちのように、ただまじめに黙々と抜いているだけでは長続きしないことを悟った。

のどが渇いて、あぜに置かれたバケツに入った緑豆のスープを飲むと、スーっと体にしみ込んだ。このスープは、「体ののぼせを下げるから」と言って生産隊が用意してくれたものだった。

わたしは、手紙で「この村では、農業の機械化がまだ遅れていました。トラクターはたった一台しかないとのこと。機械化が進めば、もっと生産率が高くなるのではないでしょうか?」と姉と兄に報告している。

この年の体験学習では、労働を終えて家に戻ったら、必ず、手や顔を洗う前に人民解放軍を見習って「一満三浄」をやろう、ということになっていた。

一満三浄とは、解放軍が民家に泊ったときの伝統的な作法で、一満は水がめ一杯に水をくむこと、三浄は家の内と庭、外の道の掃除を意味する。私たちも労働で手足から力が抜けてしまうほどくたくたになっていても「お務め」を果たした。

おばあさんは、高齢なのによく働いた。家の表と裏の自留地(1)で草むしりをしたり、馬糞をまいたり、豚のために餌を作ったりしていた。私たちは、おばあさんの手伝いをして、自留地で取れたというニンニクを百個ずつ、三つ編みにするものを十数本つくった。こういうとき、おばあさんは、うれしそうに身の上話や、村の誰それのことなどを話して聞かせてくれた。

あるとき、新中国誕生前に日本人の下で働かせられていたと話し始めた。「日本人は山芋、里芋が好きなんだ。それに生卵をよく食べる。おらにも食えと言われたが、生卵はとても食えるものでないよ」

そのとき、わたしは、思わずハッとして顔を伏せた。他の村と同様に、沙浮村でも抗日戦争中に村民が日本軍にひどい目に遭ったと聞いていた。おばあさんの手がいつも震えていたのを見て、きっと日本人にこき使われて、相当苦労したに違いないと察したが、わたしには、それを深く聞き出す勇気はなかった。

中学の農村学習で「憶苦思甜《イークースーティエン》」（昔の苦しみを思い、今日の幸せをかみしめる）の会が開かれ、「日本の鬼ども」が乱暴を働き、村人が殺害された話を聞いて以来、農村を訪ねるたびに日本人であることがバレないようにとしきりに願い、できるだけ目立たないように振る舞っていた。

その努力もむなしく、グループの一人がおばあさんに「万里子は日本人」と教えてしまった。一瞬、おばあさんの表情は曇った。

わたしの手紙には、「ああ、このおばあさんも昔、日本人と縁があったのかと思うと、胸が痛かったです。でも、おばあさんは、私には決して憎しみの表情を見せなかった」と書かれている。

（1）自留地とは、人民公社下の集団所有の土地から各戸に分配された小面積の農地を指す。そこで耕作する農作物は個人のものになり、自家消費したり、市場で販売したりすることが認められていた。つまり、ある程度の農家の副業が容認されていた。一般に、自留地の面積は生産隊の耕作面積の五％を越えてはならない、そこでの耕作は集団農場での労働時間外に行わなければならない、とされていた。

4　はだしの医者

この年の体験学習の目的が単なる援農より「社会調査」に重点が置かれたのは、世の中の風向きが少し変わったことと無縁ではなかった。押し付けではなく、生徒の自主性を尊重するようになったのだ。

先生は、こう檄を飛ばした。

君たちの年齢になれば、もう自分自身を管理する能力があるはずだ。今年の農村労働鍛錬は、すべて君たちが責任を持ってやり、先生は、時々相談役になる程度で何もしない。社会調査は、君たちと貧農・下層中農との関係を緊密にし、みんなの視野を広げることに必ず役立つだろう。しっかりやって欲しい。

生徒たちは、四つのグループに分かれた。わたしは、社会調査に特化したグループに入った。さらに、このグループは、四つの班に分かれて村を歩いた。インタビューの対象者に十数人の名前が挙がった。人民公社から推薦されて村中でただ一人、北京の化学工学院に入学した人や婦人隊長、技術員、医師、生産隊長、大隊の会計係……。

わが班は、数日間の調査で、村の医療衛生事情が悪く、村に「はだしの医者」と呼ばれる医者がいることを知った。はだしの医者とは、正式な医師免許を持たないが、ある程度の医療訓練を受けて、農作業の傍ら農民の治療に当たった郷村医のことで、農村での医師・薬不足を補完する存在だった。

この村で農民の健康を守っていたのは、張さんという二七歳の青年だった。村のスピーカーは、絶えず「張さん、すぐAさん宅に駆けつけて」とか、「張さん、Bさんが呼んでいる」と叫んでいた。

「忙しい人だから、家にはめったにいないよ」と言う村人の言葉を気にしながら、張さんの家を訪ねると、日焼けした青年がニコニコしながら出てきた。家の中は、家具も医療品も置いていない土間とオンドルだけの質素な部屋で、赤十字のマークが付いた皮のカバンと数冊の本だけが目についた。

私たちが「あなたの経験を話してください」と頼むと、「経験なんて何もないよ」と照れ臭そうにしながらも、それまでの体験を語ってくれた。

それによると、張さんは一九六三年に中学を卒業し、医療隊に入って二年間医学を勉強した後、六五年に村の「はだしの医者」になり、「三土四自」と呼ばれる医薬の自力更生を実践していた。

三土四自とは、農村での漢方医療と薬草の製造に関する方針で、「三土」は土方（中国土着の医療）、土薬（その土地の薬の活用）、土医（土地の医者）を意味した。「四自」は、自採（自分で薬草を採取）、自製（自分で製造する）、自種（自分で薬草を植える）、自用（自分の手で使用する）を指した。

張さんは「例えば」と言って、自分で処方を考案し、「胃痛散」と命名した薬について話してくれた。卵の殻を半日かけて粉にして、痛み止めの薬草と混ぜ合わせた、胃潰瘍の薬のことだ。

ある日、人民公社の会議で、アルカリ性の卵の殻は、胃酸を抑えて潰瘍の神経を麻痺させる効能がある、薬草の呉茱萸《ゴシュユ》や元胡《ゲンコ》は痛み止めに使えることを知り、この二つを混ぜ合わせれば、胃潰瘍を患っているおばあさんのためになるのではないかと考え、自ら実験を重ねて創薬に成功した。

そして、まず自分で試飲し、胃が気持ちよくなり、副作用も出なかったので、おばあさんに飲ませた。すると、たちまち痛みは止まり、吐きもしなくなったという。この薬の効果を口コミで知った人民公社は、張さんの処方を地域に普及させたそうだ。張さんは、さらに実験と研究を重ね、一四六種類の処方を作った。そのうち、常用しているのは四六種類で、その中には、アルコールにつけたクマバチの巣というのもあるという。歯の痛み止めに効くそうだ。

張さんは、大学入学の募集に応募していたが、村中の農民から「おれたちのそばを離れないで」と懇願されたそうだ。実際に、数人の村人に聞いてみると、張さんは引っ張りだこで、村に欠かせない存在だった。

のちの最高指導者、鄧小平は七四年当時、こうイエメンの衛生代表団に語った。

はだしの医者は、われわれが試行している制度だ。はだしの医者でも医者がいないよりましである。初めは知識が少なく、よくある病気しか治療できないが、数年が過ぎると、はだしではなく、草履ぐらい履けるように知識が増えていく。もっと何年か過ぎると、布靴も履ける［魏 27］。

鄧は「少しは改善されたが、まだ、まだダメだ」と採点していたようだが、いまから見れば、はだしの医者は、かなり眉ツバものだ。

そもそも、医者になるのに長年のエリート教育と訓練は必要ないと主張した毛沢東に支えられた制度で、地域によっては医者になるのに小学校卒で十分だったとか、一〇日間の短期講習で医者になったという話も聞く。

はだしの医者の制度は、一時しのぎ、その場しのぎの苦肉の策で、毛沢東の文革が終わると崩壊してしまった。

5　日中国交回復——「普通の関係」になるための闘争の始まり

一九七二年九月二九日午前、北京の人民大会堂で、田中角栄首相と周恩来首相が共同声明に署名し、日中国交回復がついに実現し、一九四五年以降の断絶に終止符が打たれた。中国側は賠償請求を放棄し、日本側は「歴史問題」で謝罪し、「一つの中国」を認めた。この歴史の一ページがめくられた日の午後、私たち一家は、上海訪問の途につく両首脳を見送る式典に参列する機会に恵まれた。

午後一時過ぎ、秋晴れの北京首都空港。田中首相と周首相を乗せた高級車「紅旗」が到着した。両首脳が軍楽隊の前に立つと、「君が代」と「義勇軍行進曲」が鳴り響いた。二人は、陸海空の三軍から成る儀礼隊の閲兵を済ますと、四方に並んでいた中国側要人と日本人関係者の間を回り出した【8―2】。

先頭の田中首相は、日本式に一人ひとりにお辞儀をし、周首相は各人と握手、その後に大平正芳外相、二階堂進官房長官……。最後の方に並んでいたわたしは、「あ、もうすぐだ。心臓がドキドキし始め、周りが見えなくなってきた」

【8―2】 日中の関係者にあいさつする田中首相と周首相。1972年9月29日、北京首都空港で

ついにわたしの番だ。田中首相はわたしにもお辞儀をしてくれた。首相の顔を見ると、真っ赤にのぼせ、汗がにじみ出ていた。すぐ周首相が手を差し伸べてくれた。その白くて柔らかい手をギュッと握った瞬間、わたしはポワーンとなってしまった。その舞い上がった気持ちを「世界中の人が憧れている周総理と握手。なんて幸せで、なんて光栄なことでしょう!」と手

紙で表現している。

共同声明の調印式を取材した父に「国交回復という大事業をやり遂げた田中首相を見送りに行こう」と誘われたとき、当初、ためらった。父は中国側から記者証を事前に得ていたが、わたしは無関係だったからだ。それなのに、一七歳の高校生は生意気に偉そうなことを手紙に綴っている。

日中が国交回復したとき、政府の役人だけでなく、私たち人民の一員も空港に行く権利はあるのです。田中首相がここまでやった以上、私たちはやはり、喜ばなければならないし、私たちの喜びを田中首相に見せて、首相自身を励まし、悪いことはできないぞと、知らせなければならないのです。

言葉足らずだが、ここから読み取れるのは、田中首相に対する漠然とした尊敬の念だ。長年の中国敵視政策に終止符を打ち、日本の首相として初めて中国の土を踏み、国交を正常化するという偉業をやり遂げた田中氏のリーダーシップを称賛している。ただ、日中関係を先に進めるに当たり、私たち日中の国民は、かつて軍国主義の日本政府がやったような「悪いこと」をしないように常にウォッチしていることを首相に分かって欲しいという思いも強い。日本の軍国主義者と人民を分けて考える、あの頃の中国政府や党の考え方に感化されていたのだと思う。

田中首相一行を迎えるに当たり、周首相ら党中央は、まだ戦争の記憶が生々しい国民に日本との国交正常化を納得させるため、九月初めから各地で思想工作を始めた。中国外務省が起草し、周首相が自ら手を入れたという大綱（指導要綱）は、こう指示している。

日本軍国主義による中国侵略で苦しみを味わった一部の党幹部と大衆が日章旗を見ると、怒りではらわたが煮えくり返ることは理解できる。歴史を忘れることはできない。しかし、日本人民も軍国主義侵略戦争の被害者であり、中国侵略の罪を日本人民に負わせることはできない。（中略）大局的見地から田中訪中の意義を理解して真剣に準備し、しっかり接待しよう［羅平漢236］。

こうした指示が各地の党組織に出され、北京や天津、上海、広州など大都市では、集会などを通じて九月二〇日までに国民への説得工作を完了するよう求められた。これを受け、北京第五中（高校）にも上部の指示が下り、田中首相一行を空港で歓迎する「政治任務」が割り当てられた。ただし、動員された級友たちの多くは、日本軍国主義による侵略の記憶が消えない親たちの世代と異なり、カラッとしていた。日本に対する憎しみや恨みもなければ、日本との国交回復に抵抗感もなかった。もちろん、親や親戚から日本兵の「蛮行」について何度も聞かされていたが。

とはいえ、日本との国交回復を積極的に祝う気持ちを抱いていたわけではない。単に任務をまっとうしたに過ぎない。ある級友は、「空港では、周総理の方ばかりを見ていた」。別の級友は、「国レベルの敵は『米帝』と『ソ修』だと教え込まれていたので、日本には、良くも悪くも特別な感情はなかった」と振り返る。いまから見れば、だからこそ、高校生ら若者が動員されたのだと思う。

しかし、やはり、ことはそう簡単ではなかった。わたしは当時、まったく知らなかったが、田中首相の「ご迷惑」発言が波紋を呼んだことは、いまでも日中国交正常化交渉の語り草になっている。九月二五日に北京入りした田中首相は、第一回首脳会談後に人民大会堂で開かれた歓迎晩餐会に臨んだ。そこに招待され、末席に座っていた両親の回顧によれば、中国側のもてなしは用意周到だった。

田中首相一行を迎える中国側の準備が忙しくなり始めた八月末、家族ぐるみの付き合いをしていた廖承志中国外務省顧問（中日友好協会会長）から「田中首相の歓迎宴で、伴奏に流す何かいい音楽はありませんか」と尋ねられた。父は一も二もなく、田中首相の越後を代表する曲「佐渡おけさ」を推薦したら、日本生まれで日本通の廖承志先生は大賛成で、「そんなら二階堂先生は鹿児島だから、『おはら』節ということになりますな」と引き取ったそうだ〔杉山①〕。

実際に、当日は、「佐渡おけさ」と「鹿児島おはら節」、大平外相の故郷の「金比羅船船」が「さくら、さくら」、中国歌曲「偉大な北京」などとともに軍楽隊によって演奏された。田中首相は少し緊張した様子で聴いていたという。

やがて、周首相がスピーチに立った。

半世紀にわたる日本軍国主義者の中国侵略によって、中国人民はきわめてひどい災難をこうむり、日本人民も大きな損害を受けました。前のことを忘れることなく後の戒めとする、といいます。（中略）中国人民は毛沢東主席の教えに従って、ごく少数の軍国主義分子と広範な日本人民を厳格に区別してきました。

乾杯のあと、君が代が演奏されると、今度は田中首相が演説に立った。

「過去数十年にわたって日中関係は遺憾ながら不幸な経過をたどってまいりました」と述べ、こう謝罪した。

「この間、わが国が中国国民に多大のご迷惑をおかけしたことについて、私は改めて深い反省の念を表明するものであります」。

その瞬間、それまで演説の区切りごとに送られていた拍手は止まり、会場の空気は張り詰めた、と言われている。「ご迷惑」が「添了麻煩」と翻訳・通訳されたからだ。憤慨した周首相は翌日の第二回首脳会談で、小さなことにしか使われない「麻煩」程度の軽いおわびでは中国人の反感を呼ぶ、と怒りを露わにした。

田中首相は、誠心誠意、万感の思いを込めて「ご迷惑」を使ったと弁明し、周恩来は矛を収めた。二七日に田中首相と会談した毛沢東主席も釈明を了解し、共同声明には「日本側は、過去において日本国が戦争を通じて中国国民に重大な損害を与えたことについての責任を痛感し、深く反省する」と記された。

不思議なことに、父が「ご迷惑」発言について何か書き残した形跡はない。ただ、日中国交回復について思うところを手紙に書いている。

日中復交の発表は、同時に、真の日中対等の国家関係をたたかいとっていくための闘いの開始でもある。一〇〇年来の日中不平等、中国に対する日本の干渉と侵略、戦争の歴史ならびに、それによって、われわれの中にしみこんでいる中国を劣等視する考え方との闘争の開始である。

いままでの〝日中屋〟が田中訪中で、〝トビに油揚げさらわれた〟ように考え、もうやることがなくなった、などと考えるのは、とんでもない話ではなかろうか。

あれから五〇年経ても、日中の「歴史問題」は未解決のままだ。七二年の共同声明で歴史問題の処理がすべて済んだと考えがちな日本。侵略の歴史を逆手にとって愛国・反日教育で国民感情を煽り、謝罪を迫る中国。日中は、まだ、まだ「正常な関係」とは言い難いのではないか。

6　天国から地獄へ

高校で仲が良かったリージュンに一八年ぶりに会ったのは、一九九二年四月末から五月初めにかけてアメリカ西海岸のロサンゼルスで起きた多人種暴動の直後だった。南カリフォルニアの陽光を浴びて、街のあちこちで咲き誇るジャカランダの藤色の花が初夏の訪れを告げていた。

当時、わたしは会社を休職し、夫の仕事に便乗してこの街で暮らしていた。

ある日、自宅で受話器をとると、懐かしい声が伝わってきた。

「ワンリーズ（万里子）、覚えている？　私よ」。

その可愛らしい声を聞いて、すぐわかった。

驚いたことに、彼女は八九年に渡米し、ロサンゼルス郊外のカリフォルニア工科大学の生化学の研究所で働いていると言う。二人が年賀状などで近況を知らせていた高校の担任からわたしの連絡先を知ったそうだ。

数日後、チャイナタウンのレストランに現われたリージュンに目を疑った。長い髪にワンピースがよく似合う、いま風に言うとリケジョ（理系女子）に変貌していたからだ。彼女も同じで、人民服とズボン姿で学校に通っていた文革当時のわたしの面影はまったくないと笑っていた。

この思わぬ再会を機に、お互いの家でお茶をしたり、海を見渡せるビーチ沿いのレストランでブランチを楽しんだりしながら旧交を温めるようになり、その付き合いはいまも続いている。

しかし、昔の話で盛り上がることは滅多にない。「文革は思い出すのもいやだ」とリージュンは言う。教育が政治に振り回され、自分の青春を台無しにされ、ひとに言えないような苦労も強いられたという思いを抱いているのだろう。

それにまつわる辛い思い出が記憶に残っている。

前にも触れたように、私たちは、高校再開後の第一期生で、大学進学が当然視され、生徒たちも受験勉強に励んでいた。というのも、大学入試の改革が進行しており、それまで否定されていた、高校卒業後すぐ大学に進学するコースが復活するはずだ、と教師も生徒も思い込んでいたからだ。

毛沢東の教育革命によって閉鎖された大学が再開し始めた七〇年当時は、卒業生は農村か工場で最低二年以上の労働経験を積まないと受験することができなかった。いまの日本で言えば、社会人を対象にした推薦入試が基本形で、職場の上司や同僚らによる推薦が求められた。

大学閉鎖前に課されていた全国統一筆記試験（高考）は、左派（造反派）にエリート養成につながると批判され、廃止された。問題は、学科試験がないため、中卒程度の学力しかない大学生が増え、大学教育の質が低下してしまうことだ。このため、一九七三年には、推薦と学科試験を組み合わせた選抜方式に変更され、農村や工場の若者も試験を受けなければならなくなった。

ところが、この年の学科試験で相次いだのが「白紙答案事件」。試験の出来が悪いため、本業の農作業で忙しく勉強が疎かになったとか、知識偏重の試験は労働者に門戸を閉ざしているなどと答案用紙の裏に書いて開き直る受験生が新聞に取りあげられ、英雄視される風潮が広がった。文革の徹底を唱える左派が入試改革に熱心な周恩来首相ら右派を批判する口実として事件を利用したとされる。

結局、翌年の入試は取り消され、外国人のわたしを除く卒業生全員が農村か工場に分配されることになった。

校長自ら入学式で「君たちは、高校を卒業したらすぐ大学を受験します。貴重な機会をムダにしないよう勉学に励んでください」と鼓舞したため、生徒たちの大学進学の夢はどんどん膨らんでいた。英語好きのリージュンと、もう一人の親友のチェンゴーは放課後、リンガフォンレコードを使って英会話を学んでいた。すでに述べたように、運良くイデオロギー統制も緩み、生徒たちの知識欲は旺盛だった。

それだけに、高校生活の最後の最後になって夢が絶たれたときの同級生のショックは大きかった。ある級友の言葉を借りれば、「天国から地獄に突き落とされたような絶望感を味わった」。

担任から「ワンリーズ（万里子）は、外国人留学生として出願することができる」と言われたとき、わたしは、何とも複雑な気持ちになった。自分ひとりだけが大学進学の資格を持つことになるとは！「これは、『国宝級』の特別扱いなのか」。外国人である自分に負い目のようなものを感じた。

わたしも級友たちと一緒に農村に入りたい、と学校側に申し出たが、「安全上の理由」で却下され、卒業生のなかでわたし一人だけが大学進学の願書の手続きを始めることになった。

一九七四年一月に卒業したが、卒業式はなかった。ただ、卒業間際に先生たちが生徒に託した言葉は印象に残っている。

「いまは端境期で人材が不足している。君たちは大学で学ばなければならない。どこに行っても進学をあきらめるな」（担任）。政治の先生は、「農村に行ったら、中国の国情をよく覚えておけ」。貧困・格差などの実情を肌で感じ、それをバネにしてそれぞれの道を歩めという励ましだ。

同年四月一〇日、農村に分配されることが決まったリージュンら卒業生は、北京北東部の近郊農村・平谷県（現・区）に向かった。わたしは、工場に分配された級友とバスを乗り継いで追いかけ、彼女たちを見送った。わたしにとっては、そのとき撮った写真が卒業写真の代わりだ。

みんな暗い表情をしている。笑いはなく、ぶ然とした面持ちで、つまらなそうに立っている。帰りのバス停に向かって歩いているとき、すれ違いざまに別のクラスの顔見知りの女子にジロっとにらみつけられた。

いま、当時の級友たちは「あのとき、大学に進学するあなたがうらやましかった」と口をそろえるが、先生たちの薫陶を受けた卒業生の多くは二年間の逆境をバネにして成就している。

リージュンとチェンゴーは、分配先の農村に辞書と教材を持ち込み、農作業の合間にコツコツ勉強し、英会話もある程度習得したという。北京に戻ったリージュンは、中国協和医科大学の大学院まで進み、北京大学で助手を務めたあと渡米。英ケンブリッジ大学にも留学した。

チェンゴーは師範学校を卒業し、母校の英語教師に。そのほか、カナダに移住した実業家、IT関連で成功した経営者、大学教授、眼科医などもいる。

運もあっただろう。利用できるコネは使っただろう。それでも地道な努力なしには成し得なかったと思う。

対外経済貿易大学を卒業して日中貿易の仕事で大阪に八年間滞在した級友によれば、卒業生の約七割が二年間の生産労働を終えた後、七七年に復活した統一試験にチャレンジして大学に進学した。全国で五七〇万人が受験し、合格者は二七万三〇〇〇人。合格率四・八%の狭き門である〔大塚100〕。

第9章　文革の終焉——北京大学で感じた新しい時代の息吹

1　「未名湖」がある北京大学のキャンパスライフ

北京大学の西門から徒歩で約一〇分、「未名湖」のほとりに立つと、湖の四季の表情がよみがえる【9―1】。

朝靄《もや》が立ち込める湖に向かって声を張り上げ、英語や日本語の教材を音読する学生の姿。湖畔のベンチに腰掛けて水面に映る黄葉や博雅塔をスケッチしたり、柳が枝垂れる湖の周りを「一《イー》、二《アル》、一《イー》」と声を出してジョギングしたりする学生もよく見かけた。厳冬には湖面が凍結し、スケートを楽しむ学生の光景も。わたしも、よく大学寮のルームメートと夕涼みの散歩をした。

北大《ペイタア》の学生にとって、未名湖は、勉学の場であり、憩いの場であった。湖畔の静かな環境は、大学のキャンパスの一部には見えない。清朝の庭園をしのばせる幻想的な世界を創り出している。

一九七四年一〇月、わたしは、美しい湖がある北京大学に入学した。北京に移って九年目のことだ。

【9―1】 北京大の未名湖

「あなたは中国文学部の文学学科（中文系文学専業）に入学が認められました。一〇月七日から九日までの期間に入学手続きを済ましてください」。九月二〇日、こう書かれた通知書が届いたときは、うれしくて飛び上がった。どんな生活が待ち受けるのか、と新学期が待ち遠しかった。

中国の最高学府である北京大学は、五・四運動の発祥の地であり、新生文化運動（文学革命）の中心だった。なかでも、中国文学部は、北京大の花形で、かつて陳独秀が学部長を務めたり、胡適や魯迅が教鞭を執ったりした時期があった。わたしは、前述した高校の（中）国語教師、呉先生の影響を受け、国語に興味を持ち、中国文学が好きだったので、この学部を迷わず選んだ。

文革で閉鎖された北京大学が学生募集を再開したのは一九七〇年。文革前は筆記試験で百倍以上の競争を突破しなければならなかったと聞いたが、再開当時は二年以上の「社会人経験」と所属機関の推薦などが求められたことはすでに述べた通りである。推薦入試が一般的だったが、優秀な学生を確保するため、大学の教員が地方にまで出向き、面接して秀才をスカウトすることもあった。

わたしの場合、外国人であることから社会人体験は免除されたが、留学生枠で入学する途しかなかった。小学校から高校まで中国人と一緒に学んできたので、大学で留学生扱いを受けることは不本意だった。

そこで、願書に「中国人と同じ立場で、中国文学部で本科生として学びたい。その理由は……」などと熱っぽく書いた。だから、合格を知ったとき、希望を受け入れてくれた大学側の配慮に感謝した。

中国初の総合大学である北京大学の創立は、一八九八年。当時は「京師大学堂」と呼ばれ、清朝の官吏養成を目ざしていたが、辛亥革命後の一九一二年に北京大学と改名された。毛沢東は、五・四運動の前後に大学の図書館に勤め、マルクス・レーニンを研究していたことがある。アメリカ人ジャーナリストで、『中国の赤い星』の著者として知られるエドガー・スノーも教鞭をとったことがある。スノーの墓は、彼の遺言通り、未名湖のほとりにつくられた。

入学した当時は、文系、理系を合わせて二〇学部を擁する総合大学で、約八〇〇〇人の学生と二七〇〇人の教職員を抱えていた。修業年限は文系が従来の四年から三年に、理系は五年から四年に短縮されていた。

中国文学部の新入生は計一四一人で、(現代)文学、古典文献、中国言語、ジャーナリズムの四専攻に分かれた。わたしが専攻した文学学科には、計五二人（男子三四人、女子一八人）が入った。

このうち、約三分の二は中学卒業後、内モンゴル自治区や黒竜江省の辺境に下放され、農場や生産建設兵団[1]で五、六年鍛え抜かれた知識青年が占めた。残りは解放軍兵士と農村、工場で生産労働に従事してきた社会人と京劇団員らだった。この学部全体を眺めると、一つ上の学年に日本人が一人いたが、外国籍の新入生はわたし一人だけだった。

中国各地から集まった学友のほとんどは二四歳から二七歳の間で、一九歳のわたしともう一人が最年少だった。なかには既に結婚し、人民公社の副書記を務めた人もいた。みんな日焼けした顔にがっしりとした体格で、ひ弱な感じの人は一人もいなかった。言葉にもなまりがあった。ほぼ同年齢の北京っ子ばかりの五中（高校）の学友に慣れていたわたしは、最初の数日間はとても緊張した。

（1）生産建設兵団とは、人民解放軍に所属し、辺境の開拓に従事する屯田兵的な組織。

2　「三十二楼」での寮生活

中国の大学は全寮制で、教員も学生も広大なキャンパス内の寮に住む。北京大学の中国人学生用の宿舎は、キャンパスの南に面した一角にあり、学部・学科ごとに割り当てられていた。

わたしが身の回り品を抱えて向かった中国文学部の宿舎は、レンガ造りの四階建てで、「三十二楼」と呼ばれていた。ここで三年間、文学学科の五〇人余りが寝食をともにし、青春の一時期を過ごしたのだから、学友・寮生の仲間意識は強い。

一階と三階は男子、四階が女子学生と分かれ、二階には学部の革命委員会と党委員会、事務室、教員室、図書閲覧室、会議室兼テレビ室があった。宿舎は大部屋と小部屋の二つのタイプがあり、大部屋には一〇人、小部屋には四〜六人が一緒に住んだ。どの部屋も二段ベッドと机が一つ置かれていたが、照明が暗く、廊下を挟んで北側にあるトイレは薄汚かった。浴室も三十二楼内にはなく、決まった日に別棟にシャワーを浴びに行くことになっていた。寮生の多くは毎晩、ボイラー室から自分の魔法瓶に汲んできたお湯を盥《たらい》に入れて身体を拭いたり、足を洗ったりしていた。

入学当初、わたしに割り当てられたのは四人部屋で、ルームメートは大興県（現・北京市大興区）の東方紅人民公社から来た孫若紅《スンルオホン》（当時27）と、人民解放軍の空軍で歌や踊りを披露する文工団員だった周暁紅《ジョウシャオホン》（20）、北京の木材工場で働いていた鄭雅玲《ジョンヤーリン》（19）の三人だった。

短髪で小麦色に日焼けした、どんぐり眼の孫若紅は、生産大隊の婦人隊長をしていた。飾り気がなく、率直にものを言うタイプで、みんなから「孫大姐《スンダージエ》」（孫ねえさん）と呼ばれて親しまれていた。

赤い星の帽章がついた制帽と軍服がよく似合った周暁紅は、性格が明るく、長いおさげに前髪をカールするなど、ちょっとおしゃれで才気煥発だった。海軍高級将校の娘で、堂々とした口調で話し、病人が出ると、果物を買って食べさせたり、枕元に付きっ切りで看護したりした。そういう温かい思いやりは、空軍での六年間の軍隊生活で身につけたようだ。

わたしと同年齢の鄭雅玲は、いつもニコニコしていて誰にでも面倒見がよかった。ある日、図書館の閉館時間に急に土砂降りになり、図書館の玄関で雨が止むのを待っていたら、小鄭（鄭ちゃん）がレインコートと雨靴を持って迎えに来てくれた。なんと気が利く人！　そんな彼女と三年生のとき、再び四人部屋をシェアしたので、わたしとは最も長く寝食をともにした。

大学二年になると、一〇人の大部屋へ移された。それは、それはにぎやかで、部屋の真ん中に置かれた長い机で大食堂から持ち帰った夕飯を食べる者、お湯が入った盥に足をつける者、「日本の歌を教えて」とわたしに話しかける者、消灯後もしばらくは誰かが怖い話などをしてみんなを楽しませていた。

チベット高原から来たツーヤンとチャンツェンの春節（旧正月）の里帰りの身支度をみんなで大騒ぎして手伝った記憶がある。旅客機に搭乗するとき、お土産の荷物が多すぎて超過料金を徴収されることを恐れたので、二人の厚ぼったい綿入れのロングコートの裏に「これでは重すぎて歩けないのでは」と心配したほど、お土産の入った布袋をいくつも縫い付けてあげた。

二人が長い休暇を終えて無事大学に戻ってきたとき、お土産にヤクのチーズや油でギトギトのミルク茶を飲ませてくれた。匂いがきつくて飲み干せなかったことを覚えている。

北京大の学生食堂は、いまやロボットが手伝うモダンなレストランとして知られ、バラエティに富むメニューを用意しているが、当時は、中国人学生向けの一般食堂とイスラム教徒用の回民食堂、外国人学生向けの留学生食堂の三種類しかなかった。食事時になると、中国の学生は各自、アルミの弁当箱や琺瑯引《ほうろうび》きのお碗を持って食堂に向かった。男子学生のなかには小型洗面器のような大きなお碗を持っている人もいた。食堂とはいえ、テーブルが何個か置いてあるぐらいで、立ち食いする人で混雑し殺風景だった。学生の多くは、窓口で食券と引き換えに料理を受け取り、寮の部屋に持ち帰って食べた。

朝は薄茶色いマントウ（中に餡が入っていない蒸しパン）に、トウモロコシかアワのお粥と漬物。昼と夜は主食のマントウに白菜と豚肉の炒め物などのおかず一品。マントウの代わりに、ご飯のときもあったが、薄黒くて、パラパラしていた。たまに、ジャージャー麺、ゴマダレ麺、あるいは餃子のときもあったが、決しておいしいとは言えなかった。薄茶色いマントウ、薄黒いご飯……と書いたが、その頃の中国の一般庶民は貧しく、真っ白な小麦粉や白米は祝日などの時しか食べない贅沢品で、トウモロコシやコウリャン、アワなどの雑穀で作ったものが主流だった。わたしは長年、北京に住み、庶民の食事に慣れていたので学食の料理を抵抗なく食べていた。

三十二楼に住む学生には、順番で一階の受付で当番をする役目があった。わたしも午後一時から午前二時まで受付に座り、人の出入りのチェックや、電話当番をしたことがある。こんな遅い時間帯だと眠くなるが、人の動きが分かるし、いろいろな人と接触することができて、それなりに面白かった。

昼間の当番で受付にいると、ある男子学生に女性から電話がかかってきた。その女性はもしかして恋人かしら……在学中は勉強に差し支えるから恋愛御法度といわれているけど、案外みんな恋人がいるようだ……と、電話を取り次ぎながら勝手に想像したものだ。学生のなかには、休日にデートしているカップルもいたし、卒業とほぼ同時に結婚した人もいた。

3 「四人組」の逮捕で様変わりした大学教育——構内の壁新聞から

北京大学での三年間は、中国政治が激動した時期ともろに重なった。入学当初は、文革の徹底を唱えた「四人組(1)」の全盛期で、左派批判を展開していた周恩来首相の実権が増した高校時代と比べれば、また政治は「左」へ揺れ動いた。しかし、その後の政変で四人組は「粉砕」され、卒業とほぼ同時に文革は幕を閉じた。みんなが崇拝していた、あの毛沢東の時代が終わったのだ。

この間の出来事をおさらいしておこう。

一九七六年は、年明けから大事件が続発した。大学二年に進級して約四カ月後の一月八日、周恩来首相がこの世を去った。これが引き金となって四月に第一次天安門事件が勃発した。次いで、七月六日に建軍の父で副主席や全人代常任委員長を歴任した朱徳が鬼籍に入ると、二八日には、約二四万人が犠牲になった唐山大地震が発生した。さらに追い打ちをかけるように、三年生になったばかりの九月九日、巨星・毛沢東主席の死去という大ニュースが飛び込んできた。

「一年間に巨頭が三人も亡くなり、しかもマグニチュード七・八の大地震が起きるなんて！　今年はあまりにも異常だ。この先、どうなるのか?」と学生たちは、みな不安を口にしていた。

しかし、毛沢東の後継者争いでトップを走っていた四人組は、一〇月六日に「クーデター未遂」の容疑で逮捕されてしまう。三一日には華国鋒体制がスタートし、これで文革は実質的に幕を閉じたが、中国共産党は一〇カ月後の第一一回全国代表大会で正式に終止符を打った。

こうした政治の揺れは、北京大学の授業にも敏感に反映した。だから、未名湖のある美しいキャンパスと相部屋の寮生活は満喫したものの、肝心の授業は、三年に進級するまで正直つまらなかった。

文学学科でも経済学、哲学、中国共産党史が必修で、専攻にふさわしい授業はほとんどなかった。「儒法闘争史」、「水滸伝批判」などの科目はあったが、どれも四人組が宣伝・奨励していた「政治学習」の域を出なかった。わずかに文学といえるのは魯迅をテーマにした授業くらいだったが、これも四人組が魯迅を大いに利用していたからだ。

当時の中国文学部が作成した教材『魯迅雑文選講』の表紙をめくると、毛沢東の「新民主主義論」の一部抜粋が掲載されている。

魯迅こそ、この文化的新鋭軍のもっとも勇敢な旗手である。魯迅は中国の文化革命の主将であり、彼はたんに偉大な文学者であるだけでなく、また偉大な思想家ならびに偉大な革命家でもある。

中高時代と同様に、農村での体験学習も相変わらず必修だった。わたしは大学一年の初夏、大興県（現北京市大興区）にある北京大学の大興分校での「半農半読」（昼は農作業をし、夜に授業を受ける）に参加し、砂ぼこりが舞い上がるなか、土をほじくったり、麦刈りしたりした。

ところが、四人組が追放されると、教育改革が始動し、大学の雰囲気は様変わりした。それを予感させたのが一九七七年一月一四日、大学構内に貼り出された、「公告」という壁新聞だった。

この冬は、三十二楼の室内にある水道の蛇口ですらカチカチに凍ってしまうほどの寒さが何日も続いた。学生と教師たちが震えながら、公告を立ち読みしていた姿を鮮明に覚えている。

中国文学部の教師全員が開いた座談会で、教学研究室を四つ（文芸理論、文芸創作、中国現代文学、中国古典文学）再発足させることを決定した——そう公告は伝えていた。それによると、授業の内容や教材を調整し、文学の教育と研究の水準を高めるのに大いに役立っていた教学研究室は、一九七四年に四人組の干渉を受け、解散せざるを得なくなった。

四人組は、そんな研究よりも「革命をやれ！」と言いたかったのだろう。解散後は教員同士のコミュニケーションが不足し、講義の質がガタ落ちになってしまった。誰かが少しでも授業の内容を問題にすると、たちまち「右からの巻き返し」というレッテルを貼られ、みな亀の子のように首をすくめて、発言もしなくなれば手を出そうともしなくなる状態になっていたという。

わたしは、この公告を読みながら、久しぶりに心温まる思いだった。百家争鳴、百花斉放の春は、もうそこまできていると感じた。

教学研究室の再開によって瞬く間に体系的なカリキュラムがつくられ、本格的な授業が始まった。古典文学の研究で著名な呉組湘《ウーズーシャン》先生（一九〇八〜一九九四）による清代の長編小説『儒林外史』についての講義、現代文学研究の基礎を作ったことで知られる王瑤《ワンヤオ》先生（一九一四〜一九八九）の劇作家・曹禺についての講義、比較文学で著名な楽黛雲《ユエダイユン》先生（一九三一〜）や詩歌の研究で知られる謝冕《シェミエン》先生（一九三二〜）の講義……。教壇に立つ「老師」たちは、みな生き生きとしていた。

現在、中国文学部教授で、中国古典文学の研究者である程郁綴《チョンユージュイ》先生は、当時はまだ学生あがりの新米講師だった。私たちの卒業が近くなった七月半ばの中国古典小説史の最終講義で、「水滴石穿《スイディスーチュアン》」（雨だれ石をうがつ）という熟語を使って学生を励ましてくれた。根気よくたゆまず努力すれば、必ず事を成し遂げるという意味だ。面倒見のいい先生で、文学学科の講義を受け持つ以外に、チベット族の二人と外国籍のわたしの補習もしてくれた。

わたしの日記には、こう記されている。

程先生は、博学で敬服に値する。今日も（中国の）謎なぞ以外に、三国志演義のこと、水滸伝第一〇回を教えてくれたが、とてもおもしろかった。先生は、来週の水滸伝の講義の準備中だが、わざわざ時間を割いて補習をしてくれた。チベットの人たちには、階級の感情から、私には、国際主義の精神から出発して。ありがたい。

学生たちも長い間の学問への飢えを癒すように、勉学に励んだ。マルクス主義の文学理論、外国文学、古典、古代詩、現代文学、演劇映画の創作理論……。教室はどこも満員で、席をとるのに苦労した。正規の授業とは別に、学生同士の討論会も寮で頻繁に開催された。わたしは口下手だったが、社会の現場で鍛え抜かれた百戦錬磨の学友たちは、「大興分校を肯定するか、否定するか」といった教育改革をテーマにした討論でも、かんかんがくがくと意見を戦わせていた。

四人組が打倒されて人びとの考え方は解放され、中国の新しい建設への取り組みが息吹き始めていた。当時、北京大学で始動した教育改革を体験し、そんな思いに駆られた記憶が残っている。

（1）文革の徹底を唱え、毛沢東の周辺で実権を振るったグループ。メンバーは、毛沢東夫人の江青、張春橋、姚文元、王洪文の四人。毛沢東を神格化し、紅衛兵を扇動した。文革後期には、周恩来と鄧小平の追い落としを狙った。毛沢東の死去で権力を失い、八〇年には裁判にかけられ、死刑などの判決を受けた。

4　激動の76年——周恩来と毛沢東の死去

やはり、新生中国を引っ張ってきた二人の巨頭が亡くなったときのことについては触れておこう。

一九七六年一月八日、国民から慈父のように仰がれた周恩来首相が享年七八歳でこの世を去った。

翌朝、訃報が中国各地に伝わると、多くの人が泣き崩れた。北京大学でも、教師と学生は、目を真っ赤に泣き腫らし、キャンパス全体が沈んだ雰囲気になった。

葬儀委員会は、従来の慣例と儀式の簡略化を理由に挙げ、外国からの政府要人の葬儀参加を謝絶する旨の公報を流した。「優れた外交手腕を発揮し、粉骨砕身した周首相の葬儀なのに、なぜ?」と訝しがった人は少なくないだろう。「四人組」ら文革派が快く思わなかったのだ。毛沢東も当時、穏健・実務派の象徴的存在と見なされていた周首相を四人組が批判するのを許していた。

労働人民文化宮では、一二日から一四日まで弔問式が行われ、初日は外国の使節や北京在住の外国人が弔問した。わたしも両親とAAJA書記局の人たちと一緒に文化宮へ向かった。おぼろげな記憶だが、重々しい葬送曲が流れる中、大勢の弔問客の後ろについて建物の中に進むと、正面に周首相の大きな写真が掛かっていた。その前には、中国共産党旗を被せた骨箱が置いてあった。

遺影を見ながら、四年前の日中国交回復が実現した日に北京空港で周首相と握手した記憶がよみがえった。周首相が書記局のジャカルタから北京への移転を後押ししなかったならば、わたしが北京で育つこともなかっただろう。そんなセンチメンタルな思いに駆られ、涙が流れた。

天安門広場と労働人民文化宮の入り口は、半旗を掲げ哀悼の意を表わしていた。ただし、職場や学校で花輪を供えたり、祭壇を設けたりすることは許されなかった。民衆の哀悼活動を制限するさまざまな規制が「上」から公布されたのだ。それでも約百万人が長安街の両側に集まり、凍りつく寒風の中、火葬するため八宝山に向かう遺体を乗せた霊柩車を泣きながら見送った。

江青が遺体と告別したとき、一人帽子を取らない不遜な態度がテレビで放映されると、民衆の怒りは燃え上がった。人びとは四人組への嫌悪と周恩来追悼の念を重ねてしのんでいた。すでに文革は人心を失っていたのだ。当時の友人の言葉を借りれば、「一般大衆の心の中には天秤があるから、何が善くて何が悪いかは分かる。民衆の多くは、望みを託していた周総理が亡くなってしまって不安を抱いた」。

清明節は、中国の伝統行事の墓参の日だ。この年の清明節は四月四日で、その数週間前から、天安門広場の人民英雄記念碑には、周首相を追憶するための花輪を運ぶ人が増え始めた。しかし、「上」の指示でいったん全て撤去されてしまったことが人びとの怒りを買い、職場や個人の名義による花輪の供えが山と積まれた。花輪の上にこっそり哀悼の意を込めた自作の詩を貼る人も増えた。

この民衆の自発的な行動は五日、「第一次（四五）天安門事件」へと発展していった。当局の解散命令を無視したデモ隊は、鎮圧しようとした警察や治安部隊と衝突し、殴打されたり、強制連行されたりした。

背後に鄧小平副首相の影を見た党指導部は六日、民衆が自発的に行った周首相の追悼を「反革命事件」と見なし、鄧のすべての職務を停止し、党籍をはく奪したと伝えた。四人組に目の敵にされた実務派の鄧は、農業、工業、国防、科学技術の「四つの近代化」実現という周恩来の「政治的遺言」を受け継ぎ、奮闘していた。文革路線を事実上否定していたと言える。

毛沢東主席が九月九日に亡くなったときも、中国各地で泣き声があふれた。新生中国の大黒柱を

【9―2】 天安門広場で毛沢東を追悼する北京大学中国文学部の級友たち

失ったのだ。人びとの喪失感は推して知るべし、である。

一九七五年夏ごろから毛沢東の衰えた姿が新聞に掲載されたり、ニュース映画に映し出されたりしていた。だから、中央人民放送局の街頭放送から重大発表の予告が流れると、不吉な予感がした。

午後四時に葬送曲が流れ出し、アナウンサーが沈んだ声で毛沢東の死去を告げると、全国各地のいたる所に霊堂が設けられた。老若男女が霊前に立って、涙を流しながら拳を上げて、「毛主席の遺志を継いで革命をやり抜くために奮闘いたします」と誓う光景が見られた。

わたしも大学の学友一五人と毛沢東の肖像と黒地に白い中国語の文字で「偉大な指導者毛沢東主席追悼大会」と書かれた横断幕が掲げられた天安門まで足を運び、拳を上げ、「革命をやり抜く」と声を上げた【9―2】。

天安門は、一九四九年一〇月一日に毛沢東が中華人民共和国の建国宣言を行った、中国のシンボルの一つである。北京では、一種の「霊堂」と見なされた、この天安門広場に労働者や学生のグループが連日押しかけ、こうした姿で毛沢東を弔った。

一四日午前には、両親やＡＡＪＡの書記たちと人民大会堂で行われた告別式にも参列した。会場のあちこちですすり泣きが聞こえた。

北京大学では、死去が公表されると、誰もが左腕に黒い喪章をつけ、白い薄紙で作った小さな弔いの花を胸につけた。中国文学部文学学科の学生たちは、構内に一時的に設けられた霊堂に置く紙製の花輪作りを粛々と始めた。

同学科の十数人は、大震災後の唐山で救援ボランティア活動をしていた。唐山市委員会の庭に建てられた仮設小屋に寝泊まりしながら、現場で取材してレポートを書いたり、仮設の霊堂の前で歩哨に立ったりしていたそうだ。

しかし、一カ月の服喪期間を終えると、動揺と悲哀は、新しい時代への期待に取って代わられた。北京の人びとの間では、毛沢東の死去で文革の終わりが近づいていることを感知し、新時代の幕開けを予知した人が少なくなかったのではないか。というのも、四人組が逮捕されると、連日、祝賀デモが繰り広げられたからだ。ドラや太鼓を叩く音、爆竹が弾ける音とともに、人びとの歌声、歓声が空に響き渡った。二一日には、一五〇万人が天安門広場に集まり、「四人組の粉砕を熱烈に祝う」などと叫んだ。一〇年前にも見たような光景だったが、今回は文革の終わりを告げていた。

翌年（一九七七年）七月二二日夜八時、中国共産党中央委員会が開いた第十期三中全大会のコミュニケが発表され、「四人組」の党からの永久追放と、鄧小平の復権というニュースがラジオで流れた。

その途端、人びとの喜びが再び爆発した。北京大学の教員と学生は、近所の中関村一帯へ一斉に繰り出した。わたしもデモについて歩き、学生のエネルギーのすさまじさを目のあたりにした。

文学学科で同期の元京劇俳優、呉江《ウージアン》と元文工団員の馮双白《フォンシュアンバイ》がうれしさの余り、踊り出した。呉江は、九歳から北京演劇専門学校の京劇演技科で学び、卒業後、北京市京劇団の役者をしていた純粋の京劇役者だ。馮双白は、十代の頃から民族舞踊を習い、生産建設兵団の文工団で公演をこなしていた。

「プロ」の踊りを間近で見た私たちは、「おーおー」とはやし立て、お祭り騒ぎになった。他学部の教師が止めに入ると、みんなは「うれしいから踊っているのだ。そうでなければ、自発的に踊るやつがいるか。文句があるなら、家で寝ていろ」などと「反撃」した。商店街も閉店時間を延ばし、店頭にジュースや酒を並べて学生らに無料でサービスする店も少なくなかった。

5　内と外の区別と「国際友人」

北京大学は、わたしが入学した当時、多くの外国人留学生を迎え入れていた。中国文学部にも中国人の本科生とは別に、一九人の留学生が入った。内訳は、北朝鮮から七人、ユーゴスラビア四人、ガイアナとルーマニア各二人、カナダ、メキシコ、マリ、ウガンダ各一人だった。一見、国際色豊かな大学のように見えるが、当時は、中国人と外国人が深くかかわることは禁じられ、留学生を「管理」する留学生事務室は、留学生と中国人学生との接触・交流に神経をとがらせていた。

一九七二年に文革期初の西側からの留学生として入学した中国系カナダ人女性の回想によれば、寮も食堂も講義室も中国人学生とは別だった。世話をするルームメートから守衛、特別の料理人まであてがわれた。よく言えば、丁重な対応だが、問題を起こさないように監視されていたのだという。自分の行動は、ルームメートからクラスの党員学生に報告されていたそうだ［ウォング 89］。たしかに、中国人学生と留学生の授業は別で、教室で留学生を見かけることはまずなかった。寮も食堂も別だった。留学生用の寮は、男女で棟が分かれていた。宿舎内にシャワー室も備えられていた。設備と待遇面では、中国人学生と雲泥の差があったが、大学当局による監視の目は厳しかったようだ。

わたしも、こんな体験をしたことがある。ある日本人留学生がトランクを一五元で売りたいと言うので、中国のクラスメートに聞いてみると約束した。さっそく、その話にルームメートの一人が乗った。しかし、それを別のルームメートがクラスの担任に伝えると、翌日、担任から返ってきた言葉はノーだった。担任は、留学生事務室にお伺いをたてたが、許可が下りなかったと言った。

わたしは、「簡単に済む話をかえって複雑にしてしまったではないか」と担任に「密告」したルームメートを責めたが、彼女は党員で責任感が強かっただけのことだと思い直した。ただ、そんな些細なことまで大学当局が介入することに驚きを隠せなかった。何か不測の事態が起きて、中国人学生と留学生との間でトラブルが発生し、エスカレートすることを警戒していたのだろう。

わたしの場合、前にも述べたように、中国人学生とすべて同じように学びたいと希望し、留学生ではなく、本科生として入学が認められたので、中国人学生との交流に何の支障もなかった。大学側は、わたしの希望通り、中国人学生と同じように扱ってくれた。監視されていると感じたことは一度もなかった。

日本人留学生とも付き合うようになったが、「私は、やはり、中国人学生と一緒の方が好きだ。日本の子はまだ幼稚で、話を聞いていて戸惑うことがある。北京大での生活を大切に過ごそう」と当時の日記に自戒を込めて書いている。社会経験を積んだ中国人学生のほとんどがわたしより年上で、大人の落ち着いた知的な言動がわたしにはとても魅力的に映ったのだと思う。

とはいえ、やはり、すべて同じとはいかなかった。党が下部に伝達する政治情勢の報告会だけは、参加が許されなかった。よく親友の鄭雅玲を通じて担任の先生から「今日の会議は万里子に参加させないように」とのお達しがあった。党が決めた中国人と外国人の区別は絶対だったのだ。

あるとき、政治情勢報告会の会場に行き、アルバニアに関する話を聞いていたら、党員の学級委員に見つかり、「今日の報告は、内部の話だから」と言われ、「なぜ聞かせてくれないのか。納得できない。大学のやり方はおかしい」とムキになって怒った。しかし、これ以上ことを荒立てると、普段、仲間扱いしてくれている学友に迷惑をかけることになると思いとどまり、仕方なく寮に帰った。結局、みんなも外国人の参加を禁じる「上」の規則に従順に従っているだけなのだ。

鄭雅玲はのちに、こう当時を振り返った。「私にとって、とても、とても心苦しかったことは、毎回、政治情勢の報告会がある度に、あなたに参加することができないと伝えなければならなかったこと。本当に嫌だった。当時、政治的に内部と外部の区別を設けることが強調されていたけど、実は、そんな区別を設ける必要もない内容がほとんどだったのよね」と。

卒業間際の一九七七年八月六日、午前七時半。寮の一室で「自己評定会」と呼ばれる会議が始まった。

それは、卒業条件の一つで、わたしが所属していた文学学科の「理論班」の三十数人の学生が三つのグループに分かれ、一人ひとりが報告する大学時代の総括を教師の前でお互いに査定・評価し合うというものだった。

総括文は、いまで言えば、日本の就活で求められるエントリーシート（ＥＳ）のようなもので、大学で力を入れたことをアピールし、自分の長所と短所、今後の抱負などを盛り込んだ。これで落とされることはない、形式的な「通過儀礼」に過ぎないと聞いていたが、それなりに緊張した。

同級生に対する評価は、ほとんどが褒め言葉で、欠点をあげつらう批判は一つもなかった。班のなかで最も長い総括文を書いて読み上げたわたしには、中国人民から愛される「国際友人」との評価でグループの意見が一致した。わたしに対する要望も「中日友好に貢献してください」だった。

そのとき、こう悟った。「小学校の頃から中国人と同じように学び、振る舞うことに懸命になっていたが、やはり、わたしは『外部』なんだ。ただ、外部でも限りなく内部に近い『国際友人』だ」と。

その評価は、外部のわたしが手にすることができる最高の栄誉だ。そこまで食い込んだことが大学でみんなに認められたのだ。この先、ことさら「内部」との同化にこだわる必要があるのか。

そう考え直すと、肩の力が抜けた。

6 卒業と別れ

この年の夏になると、わたしの周りは卒業と分配の話題で持ちきりになった。卒業予定者を対象にした学内説明会が催され、それを踏まえて学生討論会が開かれたり、地方出身の学生たちが帰省のため引っ越しの準備を始めたりして、何となくあわただしい空気に包まれた。

文学学科の学友のほとんどは卒業後、自分たちを北京大へ送り出した元の職場へ戻った。例えば、軍のある部隊から来た学生は、その部隊へいったん戻った。とりあえず「原隊復帰」する分配が一般的だったが、北京の新聞社や文化関係の省庁、出版社、テレビ局などに分配された学生も少なからずいた。

その頃のわたしは、日本で就職して心機一転の新生活を始めたい、という思いが強かった。

小・中学生の頃は、あれほど「毛主席万歳」を叫び、「革命」に熱中していたのに、だんだん熱が冷め、違う世界を見てみたいという願望がわいてきた。「四人組」が失脚して文革が終わる頃には、「もう中国での暮らしは十分。いよいよ日本に帰るときがきた！」と思うようになっていた。

中国は好きだし、わたしにとって中国で知り合った友だちはこの上なく大切な宝物だ。この国とのつながりは一生切り離すことができないと自分に言い聞かせながら、帰国の準備を始めた。

日本には、大学二年の冬休みに初めて一時帰国し、約二週間滞在しただけだったので、日本で再び生活することに憧れていた。もちろん、うまく適応できるか心細かったが、日本語に不安はなかった。

両親との食卓での会話は日本語だし、日本商社の駐在員など北京在住の日本人が頻繁にわが家を訪ねてきたので、家にいれば自然に日本語が耳に入ってきた。日本の小説を読み、新聞、雑誌にもざっと目を通していた。

ただし、小学四年生になったばかりの頃に日本を離れて以来、学校で日本語（国語）を系統的に学んだことがなかった。そもそも当時、日本人学校や日本語を教える語学学校は存在しなかった。現地の小学校に転校した頃は、東京の姉に送ってもらった国語の参考書『自由自在』を使って両親の知人が「家庭教師」となって教えてくれたこともあったが、その時期を除けば、独学だった。

そのせいか、中一のときの手紙を読み返すと、「酒の肴」を「酒の魚」と書いたり、「影響」の「響」を中国語の簡略字「响」、国慶節を「国庆节」と書いたり、変な日本語が頻繁に出現し、その都度、父の朱が入るようになった。おまけに、手紙の余白に「もっとたくさん、しっかりと日本の文章を読んで、日本語の正しい、分かりやすい使い方を勉強しないとダメだ。この調子だと中国文だってうまく書けないぞ！」などと、手厳しい批評を書かれたこともあった。

いま思うに、何とか通じる日本語、読むに耐えられる文章を書けるようになった一因は、ジャカルタと北京から東京の兄と姉に投函し続けた手紙にあるのかもしれない。自分の見聞、体験を伝えたい一心で、ほぼ毎週書き続けていた。

一九七七年の年明けから、わたしなりに「就活」を始めた。

無謀にも「編集・出版、文化関係」を志望していたので、日本の主要紙を丹念に読んだり、記事の切り抜きをしたりし始めた。当時の日記には、「午後は割と細かく朝日新聞を読んだ。主に元旦からの『天声人語』、『素粒子』などをスクラップするつもり」と書かれている。紆余曲折はあったものの、結局、通信社から事務職の内定を得ることができた。いまと異なり、当時は中国語ができて中国社会に精通している人材が少なかった。日本の国際化が叫ばれ始めた時期とも重なり、「対中要員」が欲しかったのだと思う。

八月に入ると、学友同士で記念写真を撮り合ったり、記念品を交換し合ったり、外食したりするなどして、勉学と寝食を共にした仲間との別れを惜しむようになった。わたしの日記によると、九日に卒業式が執り行われたが、みんなどこか気もそぞろという様子で、盛り上がらなかった。

四人組が追放されて「極左の鎖」が断ち切られ、やっとまともな授業が再開したが、まだ学び足りないまま大学を去らなければならないという思い、どこか後ろ髪を引かれる思いに駆られていたようだ。

卒業式が終わると、見送りのラッシュ。大学と北京駅を何度も往復した。

7 「労農兵学生」の同窓会

二〇一七年一一月、北京大学で開かれた中国文学部の同窓会に出席した。わたしにとっては、一〇年ぶりの同窓会だった。

広大なキャンパスは、未名湖と博雅塔など一部を残してすっかり様変わりしていた。迷子になりかけてようやくたどり着いた中国文学部の会議室で再会した面々は、男性も女性も貫禄たっぷりだった。

私たち一九七四年入学組は、「労農兵学員（学生）」だった。

ほとんどの学生が、「教育と労働の結合」の原則のもとで、何らかの生産労働に従事し、所属機関から推薦されて大学に入った。全国統一筆記試験（高考）を受けて進学し、エリートを「製造」する教育は、文革で徹底的にたたかれた。

しかし、卒業した年（七七年）から元の統一試験方式に戻ったため、過渡期の教育を受けた労農兵学員は、同じ大卒の肩書を持っていても、文革後の社会で「統一試験組」より相対的に低く見られ、就職や昇進などで不利な扱いを受けた者も少なからずいると聞く。

とはいえ、同窓生たちの人生を振り返ってみると、労農兵学員の卒業後の「成績」は悪くない。新華社をはじめ光明日報、中央テレビ局（ＣＣＴＶ）など主要メディアや、映画・雑誌など文化関係の仕事で活躍した者ばかりだ。著名な劇作家で中国国家京劇院院長の呉江や、舞踏評論家で中国舞踏家協会主席の馮双白は、テレビに登場するほど有名になっていた。

三十二楼で四人部屋をシェアした鄭雅玲は、いまも北京電影学院の教授だ。彼女は、わたしとの出会いが縁で日本語を学び始め、卒業後、日本に留学し、中国では数少ない日本映画の専門家になった。日本映画を中国の映画教育に導入した開拓者で、小津安二郎、木下恵介、新藤兼人ら五〇年代の日本映画の監督の作品はもちろんのこと、山田洋次監督の『寅さんシリーズ』はすべて観たという。

自称「新し物好き」で、常に新しいことにチャレンジする周暁紅は、編集者の道に進み、ファッションデザイナーとして異彩を放ったこともある。周宏鴻という名で中国イメージデザイン協会や国際イメージコンサルタント協会の要職につき、女性の身だしなみと教養についての講演で飛び回っている。

在学中から真面目で、リーダーの風格を備え、創作班の班長を務めていた庄正華《ジュアンジョンホア》は、卒業後、文化部（庁）に配属され、中国児童芸術劇院、中央民族楽団、中央バレエ団などでの要職を経て、中国児童文学研究会会長に就いた。余暇に書いた四〇編近くの散文、随筆を収録した『紫丁香』を出版している。

曹文軒《ツァオウェンシュエン》は、日本でも知られる児童文学の著名な作家だ。代表作に、生まれ育った水郷地帯の農村を舞台に少年時代を詩情豊かに描いた『草房子』（邦訳本『サンサン』てらいんく、二〇〇二年）などがあり、二〇一六年に国際アンデルセン賞を受賞した。北京大学に残り、中国文学部教授も兼務している。名物教授の一人で、彼の授業はいつも立ち見が出るほどだという。

ちなみに、馮双白と曹文軒は二〇二一年一二月、それぞれ、中国文芸界で最も権威ある文学芸術界連合会と作家協会の主席団委員に選ばれた。「同じクラスから二人も重要ポストに就くなんて異例だ」との声も上がっている。

同窓会では、一人ひとりがみんなの前で思い出話を語った。曹文軒は、「在学中、大学の図書館にあるのは、マルクス主義経済学や政治、哲学などの書物がほとんどだったね。私は当時、よく哲学書を読んだが、そのおかげで哲学的に物事を見て、それを作品にも生かすこともできた」と語った。

そう、卒業後、それぞれ歩んだ道は違うが、あの時代に北京大学で学んだことは、その後の人生の糧になっている。

そう、まさに中国の高等教育の「空白」といわれる時期だった。わたしは、そんな時期に中国各地から集まった労農兵学員と寝食と勉強を共にし、喜怒哀楽を分かち合った。男女を問わず明るく、ユーモアに富む彼らの旺盛な知識欲とすさまじい行動力はいまもわたしを圧倒し続けている。

クラスの担任だった閔開徳《ミンカイドー》先生は、すでに八二歳で、自宅では車椅子の夫人と老老介護の生活を送っているとのことだった。先生はわたしの両手をぎゅっと握り、目を見つめながら、「あのような異常な時期に君を北京大学で学ばせて、ほんとうに心苦しいよ。申し訳なかった」と繰り返した。

わたしは、熱いものが込みあげて、「いいえ、二度と体験することのできない、本当に貴重な時間でした。先生、ありがとう」と謝意を伝えた。

それにしても、一体、あの時代、文革とは何だったのだろうか。先生の言葉に改めて考えさせられた。

第10章　アジア・アフリカ・ジャーナリスト協会再生にかけた夢

1　バンドン精神に固執する書記局

わたしが大学に入学したころ、アジア・アフリカ・ジャーナリスト協会（ＡＡＪＡ）は「終末期」を迎えていた。文革の内乱で中国と外の世界との連絡が途絶えてしまい、書記局の活動は低調になってしまった。北京の書記局とアジア・アフリカ（ＡＡ）諸国との物質的、人的交流の道が閉ざされてしまったのだ。

書記局の活動の一つであったＡＡ諸国への友好訪問団の派遣は、一九六七年以降実施されることはなかった。ＡＡ諸国の記者を対象にしたジャーナリスト研修も七一年の第六回が最後となった。残る主な活動は、機関誌の編集・出版だけだった。それも中国の対外宣伝という性格は変わらず、中国政府や党の公式見解を踏み外すことはなかった。

その「最後の砦」であった英語版も七四年一一月号（11巻3号）を最後に廃刊になってしまった。予告なしの突然の幕引きだった。書記たちの生活が単調であったことは想像に難くない。父は、書記局の仕事がつまらなくなり、新たな活路を見出そうと日本に帰国することすら考えたこともあったという。

しかし、そんな閉塞状態の中でも父たちは、活動を諦めたわけではなかった。微力ながら、活性化に向けてＡＡＪＡの路線変更を模索していた。「ＡＡＪＡの歴史的使命は終わった。はい、サヨナラ」とは考えなかった。

これまで見てきたように、一九七〇年代に入ると、第三世界への「革命の輸出」や武装闘争を鼓舞した中国の「革命外交」は下火になった。これを好機と捉えて、書記局も毛沢東思想の桎梏《しっこく》から逃れ、バンドン精神を基調とする創設時の指導原則への「復帰」を渇望するようになったのだ。ＡＡＪＡの原点に立ち返り、新たな地平を切り開く礎を築こうともがいていたように見受けられる。ただし、路線変更と言っても、今回は海外の代表も参加する総会でＡＡＪＡとして正式に変更が機関決定されたわけではない。北京常駐の書記たちが演説や機関誌などを通じて「原点復帰」を示唆したに過ぎない。

その代表的なテキストが、ＡＡＪＡ創立一〇周年を記念して書記局が出した一九七三年四月二四付の声明「闘争の一〇年を振り返る」だ。

まず、見て一目瞭然なのが、毛沢東の称賛、毛沢東思想の鼓舞が皆無であることだ。六七年夏の第五回総会で、毛沢東思想がＡＡＪＡの指導原則として承認されたにもかかわらず、毛沢東の名前すらどこにも出てこない。六八年の創立五周年の記念式典の際は、ジャウォト書記長が演説で、文化大革命での毛沢東の指導力を称賛し、最後に「毛沢東万歳」を連呼したのに。七一年の創立八周年記念式典でも毛沢東の言葉を引用し、「革命を支援する」と誓ったのに、である。

ＡＡ諸国における反帝国主義、民族解放闘争についても武装闘争一点張りの主張は影を潜めた。武装闘争が勝利への近道としつつも、大衆デモやゼネストといった「非暴力の闘争」も人民の意識を呼び覚ますうえで有効だとの認識を示している。各国の実情に即して、平和的な手段を含め、さまざまな選択肢があり得ると柔軟になっている。

そのうえで、声明は、一〇年前のＡＡＪＡ創設時に採択されたジャカルタ宣言を振り返り、「ＡＡＪＡは、第一回アジア・アフリカ・ジャーナリスト会議とその後の総会で採択された諸原則に沿って活動してきた」、「これらの原則は、いまも生き続けている」と強調し、ＡＡ諸国の記者に一層の団結を呼びかけている。ここにきて、書記局は再び創設理念に固執する姿勢を打ち出したのだ。

平和共存、内政不干渉などの諸原則を重んじるバンドン精神は、なお力強い生命力を持っていた。歴史は一巡したかのようだ。バンドン精神の堅持を加盟ジャーナリストに訴え、国境を越えた連帯を求めるジャカルタ宣言が、ＡＡＪＡの指導理念として再び息を吹き返した形である。

2　さびしいエンディング

ところが、皮肉なことに、肝心のホスト国である中国がＡＡＪＡの存在価値に疑問符をつけるようになり、書記局への精神的、経済的支援を渋り始めた。そして、一九七五年一月、ついに書記局の活動を停止するよう申し入れてきた。

ＡＡＪＡの主要な加盟団体であり、書記局の活動から書記たちの生活全般にわたって支えてくれていた中国記者協会は、文革の混乱で一九六八年夏につぶれてしまい、頼りになる「援軍」はいなかった。

父の著書や手紙によると、当局が示した活動停止の理由は次のようなものだった。

●中国記者協会の復活は見通しが立たない。
●ＡＡＪＡの活動は低調で、事実上の停止状態ではないか。
●各国のジャーナリスト協会の状況も大きく変化した。分裂したり、当局に弾圧されたり、親ソ修正主義勢力に乗っとられたりしたため、北京の書記局と各国の協会との連絡が困難になった。(1)

父たちは憤慨した。

書記たちは、ＡＡＪＡという独立した国際組織を、まるで中国の機関ででもあるように見なして、勝手に動かそうとする当局のやり方に憤慨した［杉山①］。

活動停止に反対の書記局は、当局と折衝を重ね、「各国の新たな実情に即して活動の新局面を切り開いていくべきだ」と粘りに粘った。党指導部のなかには、父たちを励ます幹部もいたようだ。そういう人たちからは、「いまは、我慢しろ、低姿勢でいろ」というアドバイスを受けていた。

結局、活動停止は受け入れざるを得なくなったが、①事務所は旧蔣介石邸に残し、②四軒の書記家族は、その構内に居住し続けるという妥協が成立した。書記局にとっては、活動再開に向け暗中模索する時間を稼いだ、ということではないか。

あれから活動停止という宙ぶらりんの状態が五年も続くことになった。この間に文革は終わり、中国は近代化に舵を切り、改革開放路線を突っ走っていた。父は、書記局の再建準備の傍ら、中国発行の日本語総合月刊誌「人民中国」の校閲や中国社会科学院新聞研究所の講師などをしていた。

一九八〇年八月、ジャカルタ時代から苦楽を共にし、父たちが仕事と生活の両面で頼りにしてきた中国記者協会が復活した。

内外の新しい状況に即したＡＡＪＡの活動を、文革前のように中国記者協会とともに再開したい――。同年一〇月、二カ月前に中国記者協会が復活したのを機に、父たち北京常駐の書記は、当時の最高指導者、鄧小平宛てに上申書を送った。事ここに及んで、トップに「直訴」する手に出たのだ。

父がわたしと姉に宛てた手紙には、こう書かれているが、それを裏付けるものは何もないことを断っておく。

父の手紙によると、当時、書記局内では、ＡＡＪＡについて二つの考え方が対立していた。一つは、「ＡＡＪＡは死んだ」というもので、ジャウォト書記長の考えだった。中国は文革中にＡＡＪＡから手を引いた、書記局は外部との連絡を失い、現地の職員もいなくなり、何もできなくなった、ＡＡＪＡの歴史的使命は終わった、その将来について考えても無意味だという意見だ。

もう一つは、「ＡＡＪＡは生きている」というもので、父たち書記の考えだった。ＡＡＪＡの存廃を決められるのは、国際ＮＧＯであるＡＡＪＡの規約上、総会だけだという主張だった。インドネシアの九・三〇事件に端を発する政変以降、ＡＡＪＡの解体を求める国軍に抵抗して使ったときと同じ「手続き論」だ。もちろん、昔のままの態勢でやっていけるわけではないので、今後、どんな活動をどうやって進めていくかは中国記者協会を含めて皆で検討すべきだという主張だ。

鄧小平に手紙を出すというアクションを起こしたのは、後者の考えに賛同する有志の書記たちだった。

手紙を頼りに話を続けると、八一年二月末、指導部から前向きな回答が返ってきた。中国記者協会がＡＡＪＡを所管し、組織の将来について可能性を探るよう指示があったという。「中国は第三世界に対する活動を強化する」というのが党中央の大方針で、現存するＡＡＪＡが演じる役割に期待を寄せている、と父たちは受けとめた。

父は、最終決定を勝ち取るまで「がんばらなければならない」と踏ん張った。父の手紙に当時の心境が綴られている。

ＡＡＪＡのことをジャカルタ時代、九・三〇事件の最中から知っている人間は、文字通り、世界で陳老と杉山の二人しかいなくなった。われわれがいなくなったら、ＡＡＪＡの活動再開という主張は、すべて泡のように消えてしまうだろう。[2]

しかし、ここまでだった。一九八一年六月以降、最終決定が下されることはなかった。ＡＡＪＡの活動を、中国記者協会とともに再開したい、という父たち書記の夢はついに実現できないままで終わってしまった。いまから振り返れば、ＡＡＪＡは、一九七五年に活動を停止し、事実上解体したことになる。

一九六三年四月、ジャカルタで開かれたＡＡジャーナリスト会議が生み出し、六五年一〇月のインドネシアの政変で北京の世話になる形になった書記局は、自然消滅する羽目に陥った。スカルノや周恩来の祝福を受け、鳴り物入りで発足した団体にしては、何ともさびしいエンディングではないか。

（1）日本でも、一九六六年一〇月、父を書記局へ送り出したＡＡＪＡ日本協議会の中核だった日本ジャーナリスト会議から一部メンバーが脱退し、日本ジャーナリスト同盟（ＪＬＪ）を結成。それ以降、父はＪＬＪの委託を受ける形で、ＡＡＪＡ書記として活動していた。しかし、ＪＬＪも八〇年代に入ると、書記局が活動停止状態になった以上、委託は消滅したとの見解を打ち出す。
（2）陳泉璧氏に対する敬称。陳氏は、当時、中国記者協会からジャカルタのＡＡＪＡに派遣された書記。人民日報の元ジャカルタ特派員などを歴任。

3　書記局オフィスからホテルへ「変身」

ＡＡＪＡ書記局のオフィスが置かれていた旧蔣介石邸の洋館は改修され、八一年には国営のホテル「友好賓館」にリニューアルされた。その「変身」ぶりは、中国が社会主義から市場経済の国へ移行したことを如実に物語っている。

文革が終わると、共産党は、革命より「近代化」で忙しくなった。活動停止状態の書記局が入っている土地と建物を有効活用し、外貨を稼ぐことに異論を差し挟みづらい時代になったのだと思う。そうした状況のもと、新しい実験を何としても成功させなければならない「上」は、本音では、ジャウォト書記長のように、ＡＡＪＡの歴史的使命は終わったと判断していた、というのがわたしの見方だ。

それでも、党指導部が書記局の活動再開に前向きのサインを送ったのは、中国の革命外交、対外宣伝に協力してくれた中国の「老朋友」（古くからの友人）に最大限の敬意を払った、ということではないか。

ＡＡＪＡの利用価値がなくなったと判断しても、直ちに切り捨て、父たちを中国から追い出すようなことはしなかった。往生際の悪い連中だとは口が裂けても言わなかった。下部はともかく、上層部は懐が深かった。最終決定を引き延ばすことによって、最後まで書記たちの気持ちと自主性を尊重し、中国の「国際信義」を守ったのだと思う。

父たちが頼りにしていた中国記者協会にしても、八〇年に復活した後は書記局とは付かず離れずの関係を維持していたようだ。記者協会は翌年一〇月、復活後初のアフリカ友好訪問団を編成し、約一カ月かけてソマリア、タンザニア、ケニア、ザイール、コンゴ、マリ、セネガルの七カ国を訪問したが、その際、父たちには事前に連絡はしたものの、ＡＡＪＡ書記局とアフリカ友好訪問計画を一緒に検討したわけではない。父たちは、中国記者協会と昔のように緊密な連絡をとることができず、記者協会の対外的な活動を傍観せざるを得なかったのである。

さらに言えば、書記局側もＡＡＪＡの将来の活動について、積極的に青写真を描くことはできなかった。ジャカルタ宣言という原点に立ち返る「意地」は見せたものの、文革後の内外の状況に即して、どんな活動をどうやりたいかを思い描いた形跡はうかがわれない。ＡＡＪＡの将来像についてのアイデアが枯渇していた、と言ってもいいだろう。当時の現実を踏まえ、具体的な構想と計画を明示することなしに、中国側を説得することは極めて難しかったのではないか。

とはいえ、当時、書記局が直面していたマンパワー不足を勘案すれば、それも無理ないことだと思われる。文革中、中国記者協会を代表して書記局に配属されていた中国人書記は異動になり、欠員のままだった。機関誌編集に携わっていた中国人スタッフ一〇人も再教育のため農村に送られた。

書記局が北京に移った六六年当時に勤務していた六人の外国人書記は、七〇年代末までに半数に減ってしまった。文革前期の中国に息苦しさを感じ、母国に帰国したり、パリやロンドンなどに移住したりしてしまったのだ。一九八〇年には、セイロン（スリランカ）から来たマヌエラ書記が帰国して戦線から離脱した。翌年には、ついにジャウォト書記長もオランダに移住してしまった。最後まで残ったのは、父とタンザニア出身のサイードサリム書記の二人だけだった。

こんな状態に陥って、説得力のある魅力的なＡＡＪＡの将来像を示すことは至難の業だろう。父たちの主張は、グイっと引き付ける前向きな提言に欠けていた。どちらかと言えば受け身で、原則論や手続き論に終始していた。

さて、中国の内政だけでなく、対外政策と中国を取り巻く国際環境の変化にも目を向けてみよう。こちらも書記局の活動停止、ＡＡＪＡの解体を促した主要な要因として考えられるからだ。

4　三つの世界と新国際秩序

私の見るところ、米ソは第一世界である。中間の日本、ヨーロッパ、オーストラリア、カナダは第二世界である。われわれは第三世界である。アジアは、日本を除いてみな第三世界である。アフリカとラテンアメリカも第三世界である。

一九七四年二月二二日、ザンビアのカウンダ大統領と会談した毛沢東は、初めて「三つの世界論」を披露した。その三日後、アルジェリアのブーメディエン国家評議会議長との会見でも同様の見方を示した。

そして、鄧小平副首相は四月、「新国際経済秩序」（ＮＩＥＯ）の確立宣言と行動綱領が採択された国連資源特別総会で、この「三つの世界論」について演説し、経済的に遅れた第三世界が世界を引っ張っていく一大勢力になるだろうとの認識を示し、中国はそのリーダーでありたいと訴えた。

第一世界を覇権主義の米ソ両超大国とし、日本、欧州、オーストラリア、カナダなどを第二世界、中国を含むアジア・アフリカ・ラテンアメリカの発展途上国を第三世界に分類する「三つの世界論」で特記すべきは、資本主義対共産主義という分類基準よりも国家の経済発展という尺度を重視していることだ。単純化を恐れずに言えば、政治体制や階級闘争、イデオロギーより開発や経済成長、冷戦による東西対立より南北対立という枠組みで世界を見ている［Chen 85］。

したがって、中国の「第三世界との連帯」と言っても、文革前期と後期では意味合いが大きく異なる。文革前期は、アジア・アフリカの「革命勢力」との連帯による革命支援という文脈で捉えられた。このため、中国が革命外交を進めるうえで、民族解放勢力とネットワークを築いていた国際ＮＧＯであるＡＡＪＡの存在は大きかった。ＡＡＪＡを通して毛沢東思想と文革が第三世界で称賛されている姿を国内的に宣伝し、党中央の正統性を高めることに利用することもできた。

かたや三つの世界論が主流になった文革後期は、南北格差是正に向けた政府間の協力が「第三世界との連帯」の基調となった。中国が武装勢力やゲリラへの支援を控えるようになると、ＡＡＪＡの出番はなくなった。反帝国主義、反植民地主義を軸にしたＡＡＪＡとの共闘に代わって、第三世界諸国の政府との外交、援助関係の増幅が中国の至上命題となった。その際、「一つの中国」を認める限り、異なる政治体制の国々とも関係を築いた。イデオロギーは問わなかった。七三年に社会主義政権を倒したチリのピノチェト軍事独裁政権とすら外交関係を維持した［Chen 95］。

この毛沢東の世界認識をベースにして、やがて中国は、発展途上国が一丸となって取り組んでいたＮＩＥＯの樹立に向けた言動を支持するようになる。

ＮＩＥＯ論とは、南北の格差拡大の原因が先進国主導の経済のルールそのものに根差しているので、貿易や援助・開発の既存の仕組みを変革する必要があるという主張だ。七四年の国連特別総会で採択された決議は、「世界人口の七〇％を占める発展途上国は、世界全体の収入の三〇％しか得ていない。既存の国際経済秩序のもとでは、公平かつバランスのとれた国際社会の発展を実現することが不可能である」と強調し、国際経済の構造的な不平等をなんとかしろと訴えている。

書記局は、こうした言動をフォローしていた。その機関誌 *Afro-Asian Journalist* は、廃刊になる一つ前の号（一九七四年七月発行の11巻2号）で、ＮＩＥＯの樹立に関する国連決議と鄧小平の「三つの世界」に関する演説を掲載している。

しかし、書記たちは、七五年の活動停止以降、この変化の波に乗れず、第三世界との接点を見失なってしまった。活動再開に向けて何か行動を起こさなければと悶々としながら、時代に流されていった。

というのも、七〇年代後半から八〇年代にかけて、ＮＩＥＯ確立の運動と軌を一にして、そのメディア版ともいえる「新国際情報秩序」（ＮＩＩＣＯ）の確立をめぐる動きがユネスコ（国連教育科学文化機関）などで活発化し、情報の南北格差是正が大きな国際問題として浮上したからだ。

先進国と発展途上国の情報発信力の格差は拡大する一方だ、先進国の報道機関による第三世界報道は事実を歪曲している、貧困と暴力、混乱がすべてのように描かれるニュースが蔓延している、西側資本の巨大メディアは、「報道の自由」を口実に、アジア・アフリカの「文化の自立性」を破壊している……。

こうした憤りに駆られた途上国側は、第三世界のメディア間の交流と団結（例えば、記者訓練センターの設置）を呼びかけ、情報流通の格差是正を求めた。

5　酔生夢死の心境

ＮＩＩＣＯの構築は、仮にＡＡＪＡが活動していれば、まさに一丸となって取り組むべき課題だったのではないか。アジア・アフリカの記者のための「教本」作りやジャーナリスト研修、新聞基金では実績があるし、かつてプレス・ビューローや新聞研究所を設立する可能性も探っていた。

活動停止状態だとはいえ、それなりのノウハウと資料を書記たちは持っていたはずだ。

中国記者協会の代表団が八一年にアフリカ七カ国を訪問したとき、「アフリカのジャーナリズムの友人たちは、中国と第三世界の新聞報道界が団結し、古い国際情報秩序を変革し、新しい秩序づくりに向けて闘うことを熱望していた」と人民日報は報道し、こう伝えた。

大勢の友人たちは、いま古い国際経済秩序を変え、新しい秩序を打ち立てようとしている。同様に、第三世界のジャーナリズム界は、団結と協力を強化し、(先進諸国による)ジャーナリズムの独占を打破し、国際情報の新秩序を早急に樹立しなければならない、というアフリカの友人たちの提案に対し、私たち(中国記者協会)は、支持を表明した(一九八一年一二月一六日付人民日報『われわれの心は緊密につながっている』)

記事は、ＡＡＪＡについても触れている。

アフリカの大勢の友人は、ＡＡＪＡの状況に強い関心を寄せていた。ある友人は、ＡＡＪＡのジャーナリスト研修で学んだことがある。ＡＡＪＡの客人として中国を取材したことがある友人もいる。(中略)友人らは、ＡＡＪＡが一日も早く活動を再開することを願っていた。

一九八三年四月八日、中国記者協会は、北京市内で全国理事大会を開いた。父とサイードサリム氏が連名で協会あてに送った祝賀メッセージのコピーが残っている。

貴協会は、ＡＡＪＡが最も信頼する主要メンバーの一つである。我われとともに、アジア・アフリカのジャーナリスト運動を再興し、現在の世界情勢下で第三世界のジャーナリスト運動を立ち上げる方策を共同で見つける努力は必ず実を結ぶと確信している。

父の七日付けの日記には、こう書かれている。

午前一〇時ごろ、中国記者協会へ行く。メッセージを渡し、大会情報を入手。会議、外人を招待せずとのこと。

活動停止に追い込まれた父は、中国記者協会と第三世界の動きを傍観しながら、ジャーナリストとしてよりも、事実上、中国の「客人」として日々を過ごしていることに悶々としていた。日記に「酔生夢死とは、おれのこと」と書き残している。毛沢東主義や共産主義などに酔って生き、「ＡＡＪＡの再生を夢見て死す」という諦観が心中に去来したようだ。

父にとって、ＡＡＪＡ時代は、人が何を言おうと、「唯一の輝かしい希望と失望にあふれる生活であったのだし、厳然たる歴史であったのだ」。

しかし、そんな父たちの「狂瀾怒濤」の時代も終わろうとしていた。

一九八七年二月二一日、北京首都空港。両親は、二一年暮らした北京を離れ、帰国の途についた。世話になった中国記者協会や対外友好協会の友人ら大勢が見送りに駆けつけてくれた。二人は、中国の「古い友人」として最後まで自分たちを厚遇してくれた中国側に「本当によくしてくれた」と感謝していた。

父は当時、七〇歳。帰国の約一週間前に酒を飲み交わした共同通信北京支局の記者の励ましが日記に残されている。

杉山さん、そのまま老い込んでしまわないで、花を咲かせて下さいよ。

父は晩年、自分の人生をこう総括している。

社会に働きかける、ひっくり返す、乗っていく、反発する、排除される、訴える、怒る、泣く、屈辱に唇を噛む……。

悔しい思いをしても、社会的に何らかの働きをし続けていたかったのだろう。

終章　革命の時代とその後

1　カルチャーショック

一九七八年の新年早々、わたしは東京で新しい生活を始めるため、一二年間暮らした北京から帰国の途についた。一月一〇日の朝、北京首都空港には大学の級友や友人たちが大勢見送りに来てくれた。

みんなと別れて機内に入ると、大粒の涙がとめどもなく流れてきた。旅客機の窓から外を眺めていると、北京郊外の黄色い大地とその間を通る道路、車、人がぐんぐん小さくなっていった。

一九六〇年代の幼少期から七〇年代後半の青春期まで、ジャカルタと北京で体験したさまざまなエピソードが走馬燈のように頭の中を駆けめぐり、涙は羽田空港に着陸するまで止まらなかった。

「さようなら、わたしにとっての特別な一二年間」。こう自分史に一区切りつける決断をしたものの、ノスタルジーの感情に流され、「わたしの二都物語」をどう総括してよいのか分からなかった。

その後も「そんな時代もあったねと／いつか話せる日が来るわ／あんな時代もあったねと／きっ

と笑って話せるわ」と、わたしの好きな中島みゆきの歌のようにはいかなかった。日本社会の鋳型に自分を押し込むのに四苦八苦して、あの時代を思い出す余裕がなかったというのが正直なところだ。

「新しい環境のなかに自分を置いてチャレンジしたい」と意気込んで帰国し、東京・杉並で一人暮らしを始め、四月から通信社で働き始めた。当初は、中国政府や新華社の要人が来日するたびに通訳や案内係として駆り出されていたが、二年後には事務職から記者職へ転職し、先輩の叱咤激励を受けながら見習い記者として中国残留日本人孤児などの取材で飛び回っていた。

ちょうどその頃、わたしの身の上を案じた高校の恩師から手紙が届いた。

帰国して、中国で過ごした文革期の十数年とはあまりに違うことは想像できます。君の高校時代の友人たちは心配し、手紙がなかなか来ないことに気をもんでいます。（中略）中国では古くから、「海内存知己　天涯若比隣」（心の知れた友がいれば、世界のどこにいても傍にいるように感じる＝著者注・唐代の詩人、王勃が友人を見送ったときの詩）と言われています。

ご明察の通り、それまで住んでいた北京の環境や、慣れ親しんだ中国の生活習慣と様変わりし、戸惑うことばかり。日本と中国は同文同種といわれるが、「カルチャーショック」のようなものも覚え、なかなか「日本」に溶け込めなかった。

日本人と比べると、中国人は、良くも悪くも感情表現が豊かだ。「中国人は、いつも大声で話し、喧嘩しているみたい」と言う日本人が多いが、それは一面の真理だ。自分の思ったことをズバズバ主張する半面、冗談もよく飛ばし、よく笑う。明るく、人の心を和ませるのが上手い。

そうした国民性に慣れ親しんでいたせいか、「日本人って暗い！　陰気な雰囲気」というのが帰国後の第一印象だった。親戚を含め、会う人、会う人、控え目で礼儀正しいが、笑いも少ない。感情をあまり表に出さず、堅苦しい。極端に言えば、「日本人って、根クラなの？」と感じた。

ついでに言えば、九〇年代にアメリカで数年暮らした体験を通して、中国人とアメリカ人は、率直に物を言い、ユーモアのセンスを大事にしている点では共通している、と思うようなった。最近では、「米中新冷戦」論がかまびすしいが、国民性としては、おそらく、日本人よりも中国人の方がアメリカ人と相性がいいかもしれない。

話を戻そう。

デパートに行くと、制服を着て深々とお辞儀する「エレベーターガール」がいたことや、乗車した電車が地震などで遅れると、電車のせいで遅れたわけでもないのに、車掌が乗客に謝罪するアナウンスが流れたこと、どこに行っても清潔で便利、店員や行政窓口のサービスが行き届いていたこと、夜な夜な千鳥足で歩く中年男性（文革時代の中国では街中で酔っ払いを目にすることがなかった）……。帰国して怪訝に思ったことを挙げれば切りがない。

なかでも、日本企業がまさに「男社会」だったことには愕然とした。社内や取材先でお茶くみをしたり、飲み会の席で気を回して男性社員にお酌をしたりしているしとやかな女性社員を見て、「日本は遅れている」と痛感した。男女雇用機会均等法の成立前の時代だったので、男性社員に低く見られているのではないかという「脅迫観念」に駆られ、職場の居心地が悪かった時期もある。

女性の地位向上を象徴する「女性は天の半分を支える」というスローガンを毛沢東が打ち出したのは、文革さなかの一九六八年。「男ができることは女もできる」と、女性が男性と肩を並べて働き、女性も男性同様に自信たっぷりに振る舞い、力強く話すことが当たり前だった。毛沢東語録にも、「男女の区別なく、同一の労働に対して同一の報酬を与えなければならない。真の男女平等は、社会主義改造の過程の中でこそ実現させることができる」(第三一条「婦女」)とある。

もちろん、実質的な男女平等が保障されていたわけではない。党や政府の幹部は圧倒的に男性に占められていた。しかし、安易な労働力として重宝されていたにしても、女性の社会進出が盛んに宣伝され、女性の就労と共働きは当然視されていた。そうした環境のなかで育ったので、「寿退社」や「専業主婦」という言葉に強い違和感を覚えた。「うちの愚妻が」という表現もよく耳にしたが、配偶者を「我愛人」と呼んでいる中国で、そんなことを言う男性がいたら、殴られていただろうとも思った。(1)

帰国して数年間は、こうした「カルチャーショック」を乗り越えようと格闘していた。その過程で、常に他人を意識する人間関係になじめず、引っ込み思案になったこともある。職場でも自分の考えや意見を率直に述べない方が無難だと思い込み、萎縮してしまった。しかし、そのうち、日々の仕事や日常の生活に追われるようになり、海外生活の記憶は次第に薄らいでいった。

そうこうしているうちに、四十数年の歳月が流れてしまった。冷戦は終結し、昭和どころか平成も終わり、令和の時代が幕開けした。この間、中国は改革開放路線に舵を切り、国内総生産（GDP）で日本を抜いて世界二位の大国に台頭、軍事的にも技術的にも恐れられる存在になった。インドネシアは、権威主義的な手法で比較的安定した政治を確立し、開発優先の政策を推進し、いまや主要20カ国・地域首脳会議（G20サミット）の一員だ。

わたしは、こうした激変に圧倒され、昔を語る意味を見出せないでいた。

（1）公平を期して付け加えておく。ジェンダー・ギャップ問題では、中国も決して優等生ではないが、日本よりはましだ。世界経済フォーラムの「世界ジェンダー格差指数」（二〇二二年版）によれば、日本は世界一四六カ国のなかで一一五位、中国は一〇七位。経済分野に限れば、中国は四五位、日本一二三位となっている。

2　まわり始めた時間

止まっていた時間がゆっくりとまわり始めたのは、二〇〇七年に入ってからだ。昔の級友らとの再会が引き金となった。

【終章—1】　レッドチルドレンの懇親会。2015年10月、思い出の北京友誼賓館で

その年の秋、北京大学の同窓会に出席した。二〇一三年春には、倉沢愛子慶大名誉教授の仲介で、ジャカルタで仲良しだったマドゥとフェイスブックで半世紀ぶりに「再会」を果たすことができた（第3章参照）。その一年後、北京五中（高校）の卒業四〇周年を記念して北京で開かれた同窓会に参加し、旧交を温めた。このとき、対話アプリ・ウィーチャット（微信）の同窓メンバーのグループチャットに入らされ、帰国後、お互いに近況を伝えたり、おしゃべりの輪に入ったりするのが日課になった。

二〇一五年の秋、幼少期を北京の友誼賓館で過ごした「レッドチルドレン」の懇親会にお呼びがかかった。わたしは、友誼賓館に住んだことはないが、第4章で触れたように、附属の中国語補習校に通っていた。

そこで一緒に学んだインドネシア生まれのティウィと当時まだ赤ちゃんだった妹のジャスミンら懐かしい面々と再会できることにわくわくしながら東京から飛んで行った。ティウィは、移住先のアムステルダムから北京に駆けつけた。

この懇親会には、アメリカ、イギリス、フランス、ブラジル、ベネズエラ、ネパール、マレーシア、オマーン、アラブ首長国連邦（UAE）など一七カ国から計三九人の外国人が参加し、その模様はNHKのドキュメンタリー番組で放映された。参加者の親の多くは、当時、毛沢東主義や革命の理想に共鳴し、海を越えて新中国建設に協力する仕事に従事していた。

かつてのレッドチルドレンたちは、流ちょうな中国語で思い出話に花を咲かせ、中国でも誰も歌わなくなった革命歌を高らかに歌ったり、友誼賓館の庭に記念の植樹をしたりして往時を懐かしんだ【終章―1】。もっとも、頭から「レッド」が抜け、資本主義にどっぷりつかった経歴の持ち主がほとんどだったが。

わたしにとっての思わぬ「収穫」は、同じAAJAの敷地内に住んでいたサイードサリム書記（当時）の長女ジャミーラと次女のアマーリらと再会することができたことだ。オマーンから飛んできたジャミーラとは、お互いの家族の消息などについて語り合うことができた。

二〇一七年冬に北京大の同窓会に一〇年ぶりに参加したことは、すでに第九章で述べたので割愛するが、こうした同窓会に参加し、かつての級友や友人らとSNSで再びつながるにつれ、各人との関係が少しだけ「密」になったような感覚にとらわれ、「あの頃」の情景がうっすらと目に浮かび始めた。

そして、記憶に浸るうちに、アジア・アフリカ・ジャーナリスト協会（ＡＡＪＡ）との不思議な縁を強く感じるようになった。

3　幻の洋館

北京の東城区の一画にあったＡＡＪＡ書記局の跡地は、当時の面影をまったく残していない。書記局の事務所になっていた洋館は改修され、私たち家族が住んでいた中国式家屋や岩山のある庭園は壊されてしまったようだ。

二〇一〇年八月にそこを訪れたとき、同行した中国作家協会の人が「彼女は、杉山市平の娘。昔、ここに住んでいたので、ちょっと見せてあげて欲しい」と頼むと、驚いたことに、守衛の何人かが父とわたしを覚えていて、門を開けて、すぐ近くの池まで入れてくれた。奥まで行くことはできなかったが、建物は改修中で、あちこちに建材が置かれ、ほこりっぽく、すさんだ感じがした。

四年後の四月、高校のクラスメートと再び訪ねてみると、今度は、門の隙間から顔をのぞかせた守衛から、「ここは、香港の人が買った。見せることはできない」と断られた。その半年後、母と北京に行った際、同行した対外貿易学院の元教師が門を叩いて頼んでくれたが、門はピタっと閉じたままだった。

二〇一六年六月、昔、近所に住んでいた友人が外側の様子を写真に撮って送ってくれた。その写真を見ると、門の右側には、史跡の説明板がいくつも付いていた。「北京市文物保護単位」、蒋介石の野戦司令部旧跡などと書かれた枠だ。「非開放単位　謝絶参観　No Visitors」（見学お断り）と書かれた板もあったが、「亜非記協」（AAJA）の旧跡とはどこにも記されていなかった。

翌年八月、懲りずに友人と訪れてみると、胡同の入り口に警備員が立ち、鉄のガードで道路が遮断され、一般車両の通り抜けは禁止になっていた。門の隙間から中の作業員らしき人に「見せて」と懇願したが、「上からの指示で、どんな人にも見せられない」の一点張りだった。目を凝らして奥の方を見ると、相変わらず改修工事中で、洋館は真っ白に塗られていた。

一一月には、別の友人から「あそこは蒋介石の孫が買い取ったらしい。元の持ち主に戻ったということね」というメールが届いたが、その真偽のほどは定かでない。現在、工事は終わったようだが、門は閉まったままだ。

数年前、たまたま北京で購入した本『胡同里的老北京』（胡同に見る昔の北京）〔王 21〕に「新中国成立後、中国共産党華北局の所在地。その後、ユーゴスラビア大使館、アジア・アフリカ作家協会」と書かれているのを見つけ、心のなかで叫んだ。

「あそこは『亜非作協』（AA作家協会）ではなく、『亜非記協』（AAJA）の所在地だったのだ」。

AAJAは、歴史の「ごみ箱」に埋もれてしまったのだろうか。

前章で明らかにしたように、「亜非記協」は一九七五年に活動停止に追い込まれ、事実上解体する末路をたどった。この国際ＮＧＯは、少なくとも一九八〇年に北京で出版された辞典には登場するが、いま、ほとんど知られることはない。所詮、「革命の時代」の副産物に過ぎず、「グローバル化」が合い言葉になった現代では無用の長物なのか。未来に引き継がれるべきものは何も見出せないのかもしれない。

しかし、たとえ歴史の教科書に登場しなくても、ＡＡＪＡは、わたしの記憶のなかでは永遠に生き続けている。

わたしにとっては、ＡＡＪＡは、まさに生活の拠点だった。その本部の敷地から学校に通い、さまざまな社会体験をして成長した。当時は常に自分の周りに当たり前のように存在し、気にもとまらなかったが、ＡＡＪＡが存在しなかったならば、わたしがジャカルタと北京で暮らすことはなかったと思う。昔なじみと時空を超えた友情を育むことができるのもＡＡＪＡのおかげだ。

もっと言えば、文革期の中国では、ＡＡＪＡは、わたしと両親の「守護神」でもあった。あの時代、新生中国の建設に協力した外国人でも紅衛兵の迫害を受けた人はいる。外国人排斥の空気がじわじわと頭をもたげた時期もあった。それでも、いつ文革の火の粉が自分たちに降りかかるか分からないと怯えたことは一度もなかった。ＡＡＪＡが周恩来首相の肝いりの国際組織だったことから察するに、父たち外国人書記とその家族も周首相の手厚い保護を受けていたのかもしれない。

要するに、この幻の民間団体の「見えざる手」がわたしを二都へ導いてくれたのだ。ＡＡＪＡを取り巻く国際環境が自分のあずかり知らぬところで運命の歯車を動かしていた、と言ってもよいだろう。

4　革命の時代

では、わたしがジャカルタと北京で暮らした一二年とは、どういう時代だったのだろうか。

いま考えると、やはり、「革命の時代」だったと思う。自分の意志とは無関係にインドネシアと中国に連れて行かれ、九・三〇事件と文化大革命に翻弄された激動の時代に育ったという思いが強い。

あれは、群衆が凄まじいパワーを放った時代であり、どうしようもない無力感に打ちひしがれた時代だった。動乱が善い人と嫌な人を浮き彫りにした時代でもあった。

いまでは想像できないかもしれないが、あの時代、みんな革命の世界へと引き込まれていった。スカルノと毛沢東の言葉が人びとの心を捉えるのをジャカルタと北京のあちこちで感じた。

ジャカルタ滞在は短期間だったが、民衆のスカルノ人気は幼くても察しがついた。大勢の民衆が「ＰＫＩ（インドネシア共産党）万歳」とともに、「スカルノ万歳」と叫んでいた場面に何度も遭遇した。独立革命の継続を訴えたスカルノ大統領は演説上手で、低い、太い声で「スダラ、スダラ」（同胞のみなさん）と話し始め、徐々に演説のボルテージを上げる姿が印象的だった。

北京に移ると、あの毛沢東語録の唱和が響き始めた。「赤い宝の本」からとった革命的なスローガンが市場や工場、病院、学校、人民公社などの塀に書かれていた。若者は集団で、語録に収められた次の言葉をメロディーに乗せて威勢良く歌っていた。

世界は君たちのものであり、また、われわれのものでもあるが、結局は君たちのものである。君たち青年は、午前八時、九時の太陽のように、生気はつらつとして、まさに元気旺盛の時期にある。希望は君たちの上に託されている（第三〇条「青年」）。

わたしも毛沢東語録に胸を打たれた一人だ。学校で語録の「革命は暴動であり、一つの階級が他の階級を打ち倒す激烈な行動である」（第二条「階級と階級闘争」）を暗唱し、革命とは、そういうものだと子ども心に言い聞かせた。アメリカ帝国主義とソ連修正主義を倒し、平等で公正な共産主義社会をつくるには、女の子でもおしとやかにしていてはだめだ、と心を奮い立たせたものだ。

「われわれは、謙虚で慎み深くなければならない。おごり高ぶったり、焦ったりせず、誠心誠意人民に奉仕（服務）しなければならない」（第一七条「人民に奉仕する」）もよく暗唱し、理想の共産主義社会に進むためには、私利私欲を捨て、勤労奉仕の精神を持たねばと自戒した。

人びとは、毛沢東の語りに感化され、誰もが自分は革命をやっているのだと思い込み、革命によって世の中をよくしなければならないという使命感に燃えていた。理想の共産主義社会を築くためなら自己犠牲と忍耐を厭わないという情熱が社会にあふれていた。同時に、学校の先生だろうが、党の重要人物だろうが、どんなに偉い人物でも毛沢東思想に照らし合わせて間違っていると思ったら、断固としてやっつけてしまうという不屈の精神がみなぎっていた。

しかし、いくら美化しても、自己犠牲を伴う革命をいつまでも継続することには限界がある。非日常であるはずの革命が、延々と日常生活を支配するのは異常なことだ。間違いと混乱は必ず起きる。

古参の革命家たちにとっては、革命とは、喰うか、喰われるかの凄惨な権力闘争だったのだ。その過程で、大勢の人が「反革命」のレッテルを貼られてつるし上げられたり、投獄されたり、処刑されたりした。生徒が教師を殴り殺したり、子が親を密告したりする悲惨なケースも起きた。

恐ろしいのは、インドネシアでも中国のケースでも、左派も右派もいったん過激化すると、その影響を受けた群衆が狂ったように残酷になり、ブレーキが利かなくなったことだ。ごく普通の庶民が恐るべき「怪物」に変質し、洪水のように社会をのみ込んでいく。冷徹な職業革命家が陰で操っていたにせよ、大勢の人びとが一時的にせよ、結果的に暴力に加担した事実は重い。

ただ、そんな時代でも苦楽を分かち合った仲間との絆は固い。

5　忘れがたき人

いま、わたしの一日は、毎朝、昔なじみの動静をＳＮＳでチェックすることから始まる。

目覚めると、ベッドの上でスマホの画面を開き、メッセージを読んだり、写真を見たりして楽しんでいる。ざっと目を通すだけのときもあるが、目をぱちくりしたり、ため息をついたりするときもある。

中国の友人とは、主にウィーチャットでつながっている。その特徴は、実にさまざまなチャットグループに細分化されていることだ。中学、高校、大学の同窓会グループ、価値観が似たもの同士のグループ、親友同士のグループなどなどだ。

世界各地で暮らす友人とは、主にフェイスブックでつながっている。ジャカルタ、カトマンズ、マスカット（オマーンの首都）、アブダビ、アムステルダム、ブリュッセル、アテネ、ヘルシンキ、ロサンゼルス、トロント、バンクーバー……。旧友の国籍はさまざまだが、中国語が共通語の場合がほとんどだ。

「私は毎週末、孫の面倒をみているの」、「あなたは認知症の義母さんの世話でたいへんね」といった日常のとりとめのない話や思い出話で盛り上がることはあっても、九・三〇事件や文革などの体験談が話題に上ることは滅多にない。あえて詳細を語らなくても、当時の旧友の息づかいは聞こえてくる。それで十分なのだ。

こうした付き合いができるのもネットのおかげだ。ＳＮＳが発達しなかったならば、そもそも半世紀も前にジャカルタと北京で仲良しだった旧友と再びつながることはなかったのではないか。いや、たしかに技術革新の要因は大きいが、それだけでは説明できないだろう。

「革命の時代」を共有し、農村学習や行軍体験などで苦楽をともにした友だからこそ、年老いてもすぐ当時のような楽な付き合いに戻ることができるのだと思う。政治はさておき、人間関係や生活に目を移せば、あの時代は、信じられないほど素朴でのんびりしていた。わたしの周りの級友たちは、みんな清貧で我慢強く、助け合いの精神に満ちあふれていた。

政治が教育や社会の隅々まで支配した時代でも自分を理解し、信頼し、裏切らなかった。出身血統論が吹き荒れても、弱者への思いやりを失わなかった。そんな時代を一緒に過ごしたという思いが強烈だからこそ、数十年ぶりに再会してもすぐ心をゆるすことができるのだと思う。

最後に、三人の幼なじみとの交流について書いておこう。

二〇二一年一一月末、アムステルダムの葬儀場。

ナタリー・コールとナット・キング・コールのデュエット曲「アンフォゲッタブル」(忘れがたき人)が流れて葬儀は終わった。

インドネシア生まれのティウィの母親の葬儀だった。コロナ禍のため、その様子はネットを通して遠方の親戚や友人たちにリアルタイムで配信され、わたしも東京からオンラインで参列し故人を偲《しの》んだ。

ティウィは、中国に移って初めてできた友達だ。一〇歳のときに通っていた中国語の補習校で出会い、よく一緒に遊んだ(第4章参照)。父親の故イブラヒム・イサ氏は、インドネシア解放の闘士で、わたしの父とは旧知の間柄だった。

母親は、海外暮らしが長くても、インドネシアを忘れないようにと母国の歴史や文化、料理を娘たちに教え込んだという。いつも微笑みをたたえた優しい女性で、九二歳のつい最近まで元気だったが、足を踏み外して転倒し、その三日後に永眠についたそうだ。

映画『オズの魔法使い』の「虹の彼方に」などの曲が流れた無宗教の葬儀では、供花に囲まれた棺の前に参列者が座り、四人の娘と孫たちに囲まれて幸せそうな母親の写真と動画が次々に会場のスクリーンに映し出された。その後、四姉妹と孫たち、友人らがそれぞれお別れの言葉を述べた。セレモニーが終わると、娘たちから母親への賛歌として捧げられた「アンフォゲッタブル」が心にしみてきた。

♫ Unfogettable, That's what you are　　忘れられない　あなたのことさ
Unforgettable, Though near or far　　忘れられない　そばにいても遠く離れていても

昔の思い出がよみがえり、ティウィがわたしにも、この歌のように「これからもずっと心のなかにいるよ」(And forevermore That's how you'll stay) と呼びかけているような気がした
二人でお絵描きをしたり、補習校の校舎の前で雪合戦したりした。昼寝の時間に二人でふざけ合って先生に何度も叱られた。二人とも別々の小学校に転校したが、一緒に寄宿舎のある中学に入

ろうと夢見ていた（叶わなかったが）。

二〇一五年に四五年ぶりに劇的な再会を果たしたことは既に述べたが、そのとき、それぞれが歩んだその後の人生についてもお互いに駆け足で尋ね合った。彼女は、北京から転居した江西省・南昌の医科大学を卒業して間もない頃、大きな転機を迎えたという。イサ氏が一九八六年にオランダに政治亡命し、家族も亡命が認められたため、アムステルダムへ移住することになったのだ。

新天地では、まず、オランダ語を必死に覚え、アムステルダム自由大学で研究した後、アメリカ系の製薬会社などで働いた。二人の子どもは独立し、現在はオランダ人の夫と二人暮らし。インドネシアで生まれ、エジプトでの五年を経て中国で二〇年、すでにオランダで三十数年を過ごしたいま、こう言い切る。

「私は、世界公民（市民）。故郷がいくつもあるから」。

世界市民とは何か？

地球人としての自覚があるということなのか。それとも、異文化を楽しむマインドがあるということなのか。

どちらにせよ、そういう心構えを持てば、自分の人生を豊かにしてくれるだろうな、と思った。

6　センチメンタル・ジャーニー

高さ二三メートルの台座の上に立つ彫像の男女が、いまも訪れる人に「ようこそ」と手を振っている。乾期が始まったばかりの空はまぶしく、頬をなでる貿易風の肌感覚も昔とまったく変わらない。ジャカルタ中心部のタムリン通りにある環状交差点（ロータリー）。その中央にある円い噴水の真ん中に突き立つ「歓迎の塔」は、半世紀以上も首都のランドマークであり続けている【終章―2】。

わたしは二〇二三年四月半ば、この街のいまと昔を歩く旅に出た。五八年ぶりのジャカルタ再訪だ。

歓迎の塔は、スカルノ大統領の発案で第四回アジア競技大会（一九六二年）に合わせて建てられた。当時、ＡＡＪＡ書記局は、このランドマークの目の前にあった報道関係者用の施設「プレスハウス」の一階に広いオフィスを構え、三階の部屋にわたしと両親は長期滞在していた（第２章参照）。

いま、あの懐かしい建物は、高層の高級ホテルに生まれ変わり、世界のブランド店や洒落たレストランが軒を重ねる大型モールに直結する。この界隈は、ビジネスの中心地としても賑わう。九・三〇事件当時、歓迎の塔を囲むロータリーに戦車が配置されていたことが信じられない（第３章参照）。その光景は、血なまぐさい過去と決別し、どんな人も分け隔てなく受け入れる寛容さ

【終章—2】　ジャカルタのランドマーク「歓迎の塔」のいま。ロータリー右側は外資系に変わった「ホテル・インドネシア」。プレスハウスの跡地に建つホテル「グランド・ハイアット」から撮影

のシンボルとされる彫像の男女と似つかわしくない。

周知の通り、インドネシアは、一〇〇〇を超える民族集団が存在し、七〇〇以上の言語がある。イスラム教徒が人口の九割近くを占めるが、イスラムとカトリック、プロテスタント、ヒンドゥー、仏教など多宗教が共存する。この国のモットーは、「多様性のなかの統一」なのだ。

しかし、所詮、それは、建前に過ぎないのか。一体、何が暴動や虐殺に駆り立てるのだろうか。なぜ、不寛容が生まれるのか。ホテル中二階のラウンジの窓から塔を眺めると、そんな疑問が浮かんだ。

旅のガイドは、一〇年前に知人の仲介でメールを通じて再びつながった幼なじみのマドウが務めてくれた。

わたしには、幼い頃、彼女の家で一夏を過ごし、よく一緒に遊んだ思い出がある。お互いの暮らしぶりや家族の様子などは、フェイスブックを通してある程度は分かっていた。五年前に彼女の娘一家が日本旅行をしたときは、東京観光を案内し、旅の途中で四歳の誕生日を迎えた長男を祝った。

それでも、宿泊先のホテルのロビーでリアルな再会が実現したときは、二人とも感極まって涙が流れそうになった。

偶然、その日は、マドウの亡き父親のサマンジャヤさんの誕生日と重なったため、こう彼女はつぶやいた。

「父が私たちの再会を導いてくれたのだわ。テレマカシ（ありがとう）」。彼女の言葉にわたしも心が揺さぶられた。

それでも、マドウの案内で、ホームステイさせてもらっていたサマンジャヤ邸の跡地など二人の思い出の地を訪ねたりしているうちに、子どもの頃の気心知れた仲に自然に戻っていった。

「信じられる？　あの家は、いまや商業ビルよ。田畑で閑散としていた家の周りはどこもビルばかり！」

「すごい変化！　この辺りの道路は、どこも車とバイクの渋滞。車で小学校まで送ってもらった道は、でこぼこしていて揺れが激しかったのを覚えている」

「そう、ひどい道だった」

「一緒に通ったあのカトリック系の小学校の校舎は、いまや大学の一部よ」

わたしのつたないインドネシア語と英語、スマホに取り込んだ翻訳アプリでも会話は弾み、昔話に花が咲いた。無邪気だった子どもの頃の自分を知っているという安心感が生まれたのだろう。マドウの場合、わたしの存在は、家族と平穏に暮らしていた当時の記憶と切り離せないことに気づいた。ホームステイを切り上げるきっかけとなった九・三〇事件が人生の明暗を分けたという思いが強いようだ。

彼女と母親のジェーンさん（88）によると、あの事件のあおりで弾圧・投獄された華人で文人政治家の父親と一四年も生き別れ、生活に困窮した時期もあった。一家の土地建物は軍に半分占拠され、家の外に飾ってあったマドウをモデルにした彫像も兵士に左目を壊されてしまった。釈放後も一家は軍の監視下に置かれ、元政治囚の娘と妻として差別を受けたという。

「あの当時のことは、いまでも忘れられない」とジェーン夫人は怒りを隠さない。

一家を取り囲む状況が好転し始めたのは、九・三〇事件後に権力を掌握したスハルト体制が崩壊した一九九八年以降のことだという。軍による監視が完全に解けた父親は、短編小説や詩、エッセイ、翻訳などの著述業で成功した。夫人は現在、マドウと孫三人、ひ孫五人に囲まれて幸せだと話す。

ただ、イスラム教以外の宗教や華人に対する偏見・差別が本当になくなったのか一抹の不安を覚えると言う。九・三〇事件が華人の虐殺につながっただけでなく、スハルト政権の幕引きの過程で、長年の権威主義体制に対する国民の不満が暴動に発展し、再び華人が標的になったおぞましい歴史

【終章―3】　ジャカルタの新中華街（2023年4月22日撮影）

がある。

　ジャカルタのグロドック地区とボゴールの植物園近くにあるチャイナタウンは、赤い提灯が飾られ、中国の食材や菓子、玩具、衣類、電気器具などを売る薄暗い店がひしめき合い、活気に満ちている。

　ジャカルタ北部の湾を埋め立てた新開発地区には、大きな仏教寺院がそびえる。その少し先に二〇二〇年にオープンした新しいチャイナタウンには、五重の塔が立ち、カラフルな色彩のレストランが軒を並べる【終章―3】。休日ともなると、若者や家族連れで大にぎわい。華人だけでなく、ムスリムの来客も多い。

　子どもの頃、お世話になった華人の女性（80）は、「中国語で何でもかんでも話すなんて、スハルト大統領時代には想像することもできなかった」と当時を振り返る。中国語教育や漢字使用が禁止され、九八年の暴動ではチャイナタウンの商店が焼き討ちにあったそうだ。

「いまではイスラム教の人びとがラマダン明けに新年を盛大に祝うように、華人も春節はにぎやかに祝っている」と話す。

違いを認め合う「寛容の精神」は、インドネシアのあらゆる層に根付いているのか。それとも、教育レベルの高いエリート層だけのものなのか。それは、仕事を通じて親しくなった父親同士も共有していたのか。わたしは、いつの間にか、どこか傲慢な日本人になってはいないだろうか。この国がめざす「多様性のなかの統一」は、日本も避けて通れない問題だけに気になる。

マドゥは、こう言ってわたしと別れた。

「父親同士の友情が五八年の歳月を経てひ孫の代まで続いているって素晴らしいことじゃない。この親密な関係がいつまでも続きますように」。

7 思い出の写真

ポットに熱いお湯を注ぐと白い花がふわーと開き、ほんのり甘い香りが漂った。一口飲むと、すっと喉をとおった。

二〇二三年の梅雨に入った頃、北京から菊花茶の小包が届いた。

送り主は、中学で机を並べた親友のアーホア。すぐ、「ありがとう」とウィーチャットで伝えたら、「菊花茶は、夏バテを解消するから、これからの季節にピッタリ。目の疲れにも効くから飲んでね」と返ってきた。

【終章―4】 家の前の岩山のうえでアーホアたちと撮った思い出の写真

わたしが数年前、上海旅行したときに飲んだ菊花茶がおいしかったと話していたことを覚えていた。翻訳などのデスクワークをしていることも考え合わせて菊花茶を思い立ったという。ありがたいことに、清朝末期の一九〇〇年に開業した老舗茶葉店「張一元茶庄」のこだわりの品だ。わざわざ本店まで出向き、入荷したばかりの菊花茶を選んで郵送してくれたそうだ。

中学時代、アーホアとは、家が近かったため、ほぼ毎日登下校を一緒にした。教室でも席が近かったため、小さな紙切れをそっと渡されることがあった。

「あとであなたの家に行くからね」。そう書かれた紙切れを手渡された日には、彼女がＡＡＪＡの敷地内にあった自宅に来ると、父のカメラを取り出し、二人でよく互いの写真を撮り合った。

家の前の岩山の上ですまし顔のアーホア、柳を背に微笑むわたし……。仲良くしていた級友も加わり、写真映えする庭園で何枚も撮ったことがあった【終章―4】。いまで言えば、プリクラの乗りだ。カメラを見ないで、ちょっと気取った顔つきで遠くを見るようなポーズが流行りだった。

あの頃は、カメラを所有している世帯は極めて珍しかったため、わが家に来て、みんなで写真を撮り合うことが楽しみの一つで、父が書斎の暗室で現像し、プリントしてくれたモノクロ写真を登校時に手渡すたびに彼女たちは大喜び。その姿を見ると、わたしもうれしくなった。

アーホアは、少しせっかちなところがあり、早口でまくし立てるので、一年生の頃は聞き取れないこともあったが、世話好きで優しかった。それに輪をかけて彼女の姉と両親も世話好きで、旧正月などには一家で外国人のわたしを家に招いてごちそうしてくれた（第6章参照）。

しかし、彼女は中学卒業後、北京の化学工場に分配され、財務や品質管理などの仕事に忙殺されるようになった。わたしも高校、大学と進学したため、以前のように頻繁に会って話す機会は激減した。帰国してからは、年に一、二回、手紙のやりとりをする程度の間柄になってしまった。

二〇一四年四月、北京で開かれた中学の女子会でアーホアと三五年ぶりに再会した。そのとき、長年の空白をあっという間に埋めるのに一役も二役も買ったのが、あの思い出の写真だった。

昔、ＡＡＪＡの庭園で互いの写真を撮り合ったことが話題にのぼり、盛り上がった。

「まだ、写真持っている？」

「いまも大切にしているわ。二人とも恐ろしく若かった」

「カイドウが咲く庭はきれいだったね……」

帰国してすぐ、スマホで昔の写真を写し、ウィーチャットで彼女に送ると、ほどなくしてわたしも当時の写真の写しを数枚受け取った。わたしが失ったカラー写真を見たときは、追想にふけった。

それからは、まめに連絡し合い、孫や兄弟のことなど、以前のようにたわいないおしゃべりをするようになった。アーホアは工場を勤め上げ、定年退職後は町内会活動に励んだ。娘や孫に囲まれて平穏な日々を過ごしていたが、二年前に夫を病気で亡くし、「がっくりきてしまった」。

そんな彼女から昨春、メッセージが届いた。地域のシニアを対象にした思い出フォトコンテストがこの年も開かれたら、連名で応募し、中学時代のなつかしい写真を送らないかというお誘いだった。

結局、コンテストは開催されなかったが、意外な誘いに隔世の感を禁じ得なかった。現代の若者から見れば、ダサい古くさいポーズ写真でも、彼女たちにとってはとても貴重で、かけがえのない思い出が詰まっている。

いまの中国の中学生ならば、誰でもスマホで気軽に写真を撮れるが、文革時代の級友たちにとって写真と言えば、写真館かＡＡＪＡの庭園で撮った写真しかなかったのだ。アーホアは、しみじみと言う。「あなたと一緒に写っている当時の思い出の写真は、お金では買えない」。

ちなみに、彼女からの贈り物は菊花茶が初めてではない。乾燥ナツメ、バラの花茶、手編みのニット帽……。「中国の品はなつかしいでしょう」とか、「この冬は　寒さが厳しいから」とか、何かにつけ気づかってくれるところは昔とまったく変わらない。夫が肺の手術で入院したときは親身に寄り添ってくれた。

そんなとき、あの思い出の写真を眺めると、彼女の言う通り、「時間は流れても、遠くに離れていても、私たちの友情は永遠に変わらない」と実感する。

総じて言えば、あの「革命の時代」に日本人のわたしに心をゆるして包み込んでくれた学校時代の昔なじみには、空白期間が長くても、政治的意見が異なっても利害関係なしに頼れる。

二〇一七年夏に仕事で中国人作家と会うため、北京から山西省の大同へ約一週間の旅程で行ったときは、高校時代のクラスメートとその夫人が仕事を休み、交代で行き帰り全行程一二〇〇キロを運転してくれた。

新型コロナウイルスの感染が広がり始めた二〇二〇年四月、北京から医療用サージカルマスクなど使い捨てマスク計一五〇枚を国際スピード郵便で送ってくれたのも高校の同級生だった。

彼女は、日本でコロナ禍が日増しにひどくなっているという動画を見て、わたしと家族の健康を心配して「救援」を思い立ったと言う。日本では、どのドラッグストアに行ってもマスクが手に入らず、評判の悪い布製のアベノマスクが配布された頃だったので、とてもありがたかった。

ざっくり言えば、中国の友人はたくましい。禁欲が美徳とされ、金持ちが批判の対象だった文革がやっと終わると、今度は「恭喜発財」（金持ちになれますように）というあいさつ言葉が新年に交わされる改革開放、資本主義経済の時代を生き抜いた。アメリカやカナダ、ベルギーなど海外へ移住し、すっかり現地に溶け込んだチャレンジャーもいる。

皮肉に聞こえるかもしれないが、貧しい時代の体験があるからこそ、新しい時代精神に柔軟に合わせることができたのだと思う。文革期に抑えられていたエネルギーが爆発したかのようだ。わたしは、そんな彼ら、彼女らとつながるたびに「元気」をもらっている。

こうした絆はわたしにとって、おそらく、「革命の時代」の最大の収穫であろう。いま、そこから得られるのは、毎日の暮らしのなかのささやかな喜びに過ぎないのかもしれない。しかし、たとえ、それが小さな、小さな幸せであっても、還暦を過ぎると、かけがえのないものに感じられる。

めぐりあいの不思議に感謝し、これからも昔なじみとの「ご縁」を大切にしていこう。

時代はまわり、みんなまた一皮むけたようだ。

付録1　ジャカルタ宣言（前文は要約）

報道という専門職（profession）の基本原則は、良心に従って真実を追究することにある。それを遂行するための条件が自由である。アジア・アフリカのジャーナリストの場合、この自由を確保するには、民族の独立を勝ち取り、社会開発と文化的な発展を推進しなければならない。民主的な権利と世界平和に向けた国際協調のための闘争も必要だ。バンドン精神として知られる一九五五年のアジア・アフリカ会議の決定は全面的に支持されるべきだ。我われが取り組む問題の普遍性に鑑み、こうした職業倫理の適用は、アジア・アフリカのジャーナリストに限定されるべきではない。

アジア・アフリカ・ジャーナリスト協会の会議は、職務を遂行する際の手引きとして以下のジャカルタ宣言を採択する。

一　アジア・アフリカの（以下、ＡＡと略）ジャーナリストは、領土保全と民族統一のための闘いと、新植民地主義と軍事介入、侵略を含むあらゆる形態・表現の帝国主義と植民地主義との闘争に献身する。

二　ＡＡジャーナリストは、あらゆる分野で完全な独立を達成するための絶対的な条件である政治的独立を勝ち取ろうとする植民地の人々の闘争に献身する。

三　ＡＡジャーナリストは、世界平和、平和共存、軍縮、核兵器の実験ならびに使用の禁止に向けての闘いに献身する。

四　ＡＡジャーナリストは、国連人権宣言で示された人権を享受しようとし、アパルトヘイトと人種差別に反対する人々の闘いに献身する。

五　ＡＡジャーナリストは、経済と文化、社会の諸分野でアジア・アフリカの連帯を強化することに献身する。

六　ＡＡジャーナリストは、一九五五年のバンドン会議の精神と熱情（elan）への忠誠を強めることに献身する。

七　ＡＡジャーナリストは、職務を遂行するに当たり、真実を追求し、職業上の協力を強固にし、センセーショナルな報道を避ける。

付録2　アジア・アフリカ・ジャーナリスト協会憲章

（前文と八章から成る。前文、一章名称、二章所在地、五章会員、六章執行部、八章結び、それぞれ略）

三章　原則

一九五五年にバンドンで開催されたアジア・アフリカ会議の精神と熱情。

四章　目的

（a）世界、特にアジア・アフリカにおいて、搾取のない、平和で公平、豊かな新しい社会の創造に向けて、アジア・アフリカの（以下、AAと略）ジャーナリストの間で協力の精神を調整・強化すること。

（b）人民の利益のために報道の自由を擁護し、促進し、維持すること。

七章　任務

A　報道関連分野

①　AAジャーナリストの連帯を強化する。

②　AAジャーナリストの職能水準を高める。

③　AAジャーナリストの倫理基準（code）を遵守。

④　人民の利益のために報道の自由を推進し、擁護し、維持する。

⑤ 以下を通じて、専門職分野での協力をアレンジする。即ち、

（a）生の情報源を確保するため、活字の資料とニュース（少なくとも英文と仏文）の交換によって、また、国際ニュースの非アジア・アフリカ的態度を払拭していく努力の一環として、これら地域のニュース源と情報源を集約できるよう、アジア・アフリカ報道センター設立の可能性を探ることにより。

（b）AAジャーナリストが取材・報道目的で、また相互理解を深めるために相互訪問することによって、また、こうした相互訪問に最大限の便宜を提供するようアジア・アフリカ諸国の政府に対し促すことにより。

（c）AAジャーナリストの間で生じる一切の論争を円満に解決することにより。

⑥ AAジャーナリストの生活・労働条件と職業訓練を改善する。

⑦ AAジャーナリストの職務遂行を保護すること。

⑧ 定期的に会合と新聞報道に関するセミナーを開催する。

⑨ AAジャーナリストの記者証を発行する。

⑩ 新聞研究所を設立する。

B　政治関連分野

アジア・アフリカ・ジャーナリスト協会の原則と目的に反しない国際的な報道組織、特にアジ

ア・アフリカ諸国の組織と協力する。

C　アジア・アフリカ新聞基金の設立

アジア・アフリカ・ジャーナリスト協会の事業計画を実行するに当たり、経費を賄い、便宜を図るため、アジア・アフリカ新聞基金を設立する。基金は、アジア・アフリカ・ジャーナリスト協会の執行部が管理する。

（付録1、2とも、National Preparatory Committee of the AAJA, Documents of the AAJ Conference より）

おわりに

わたしの「二都物語」は、以上でおしまいです。

わたしの子ども、孫世代にとっては、はるか昔の話です。

時間の流れを変えることができるタイムマシンは、まだSF映画の世界の話で、家族を連れて過去へタイムスリップし、「あの頃」の空気を共有し、一緒に現代へ戻る旅はできません。

だから、親の世代がどんな体験をしてきたか、どんな気持ちでいたかはリアルに理解できない。

そんなことは、大量の情報を使いこなすことができる若い人たちには、余計な話でしかないでしょう。しかも、大きな歴史の流れからすれば、わたし一個人の思い出などは星屑のように小さい。

それでも、これだけは伝えておきたい。

一つは、「独立思考」という中国語の熟語に凝縮されます。

絶えず自分の頭でしっかり考えろという意味です。ときの権力者の言葉を真に受け、思考停止の状態に陥り、言われるままに動くロボットや風見鶏のようになってはダメです。好奇心を持ち続け、常に社会の「常識」を疑ってください。

もう一つは、自分と異なる相手を受け入れる「寛容の精神」を養ってほしい、ということです。

政治体制や商慣習、社会規範、文化、生活習慣、価値観などで「国情」が違っても同じ人間同士、理解し合える共通項は少なくないです。固定観念を排し、違いを認める努力を怠らないでください。異なる他者を知らなければ、自分を知ることもできません。

どちらも月並み過ぎて、「人生の教訓」などと仰々しく言うのも憚《はばか》られます。ただ、この物語を描かなければ——自分の過去と対話しなければ、二つの重みを身にしみて感じることもなかったと思います。

いま、世界の変化のスピードは尋常ではありません。正解のない課題が山積し、おとなのモデルは、あまり役に立たないです。加えて、フェイクニュースが氾濫し、さまざまな陰謀論が渦巻いています。嘘を真実と言い張る「もう一つの真実」がまかり通る社会は恐ろしいです。

この物語が、よりよい未来を切り拓いていくうえで、真に大切なものは何かを考える一冊になれば、うれしいです。

本書を書こうと思い立ったのは、二〇一八年暮れの頃です。それまで日本と中国の友人から「書け、書け」と発破をかけられても、自分をさらけ出すことにもなるので二の足を踏んでいました。わたしの体験は、自分にとっては大切であり、重要です。しかし、それを記述し、他人に読んでもらう必要はあるのか、あるならば、傾聴をお願いする理由を持ち合わせているのだろうかとも悩みました。

最終的にわたしの背中を押したのは、記者時代の先輩の「死んだら、恥も外聞もなくなるよ」の一言でした。もう六〇代だ、これ以上、先延ばしすることはできない、と観念しました。

それからは、仕事と家事、介護の合間を縫って実家に通い、地下収納庫と亡き父の書庫で資料探しに専念しました。子ども時代に書いた手紙や父の手記、ＡＡＪＡの報告書や議事録などをゴム手袋とマスクをつけて探し出しました。旧友や今年九六歳の母とも思い出を語り合い、記憶の糸を懸命にたどりました。

ほこりを被った古い資料のつき合わせは楽ではない。正直、何度もくじけそうになりましたが、同時代の子どもの目で歴史を眺めるという作業は意外に楽しいものです。子ども時代の心情に浸ると、文革当時の思い出したくなかった自分の過去とも自然に向かい合うことができました。


本書を書き上げると、中国を含む世界各地で暮らす旧友たちの息吹をじかに感じたいという気持ちが沸き立ってきました。しかし、ロシアのウクライナ侵攻で始まった戦争の出口はいまも見えません。世界は一段と分断化し、わたしの「故郷」である日本と中国もお互いの国民感情が悪化の一途をたどっています。

本書を書くために調べた、一九五五年のアジア・アフリカ会議で採択された最終コミュニケには、交流の知恵が詰まっています。インドネシアのバンドンに集った日本、中国、インドネシアなど二九カ国の代表は、愛国の面をかぶった偏狭なナショナリズムを排し、広い視野に立つ、開かれた民族主義を志向しました。それは、欧米との対抗や異文化の排除を意味しません。

このコミュニケは、アジア・アフリカの「寛容と普遍性という古来の伝統を踏襲し」、異なる文化圏との交流を深め、その優れた部分を吸収して自分たちの文化をより豊かにし、人類共通の普遍的価値の創出をめざすと誓っています。

二〇二五年には、バンドン会議から七〇年の節目を迎えます。わたしが生きた「革命の時代」は終わり、アジア・アフリカは目を見張る変貌を遂げましたが、そこでの合意をもう一度見つめ直し、当時の指導者がめざした度量の広い交流が今後も引き継がれていくように願っています。

両親のインドネシアでの体験に関心を抱き、自著で取り上げてくださった慶大名誉教授の倉沢愛子氏と、元編集者で北京外国語大教員の馬場公彦氏にお礼を申し上げます。どちらの本もわたしがジャカルタと北京で過ごした時代を現代の視点から再考するうえで大変参考になりました。なお、ジャカルタ時代の幼なじみの消息を教えていただいた倉沢氏には、重ねて感謝の意を表したいです。

ＡＡＪＡの興亡とその機関誌の特色については、シンガポール南洋工科大准教授の Taomo Zhou（周陶沫）氏の論文を参照させていただきました。冷戦史の観点からＡＡＪＡを正面から扱った唯一の学術論文と言っていいでしょう。

中国とインドネシアの多くの友人、知人の協力なしには、本書を書き上げることはできなかったでしょう。かつて北京で同じ敷地内に住んでいた父の同僚の長男エディも、はるかアラビア半島の東端オマーンから温かいエールを送ってくれました。執筆を励ましてくれた母と兄、大昔の手紙を捨てずにとっておいてくれた姉、わたしのチャレンジを支えてくれた夫、みんなにありがとうと言います。

そして、亡き父に本書を捧げたい。父の日記やノートには、いずれＡＡＪＡ時代についてまとめようとしていた形跡が残っていました。娘の自分史ではあるが、結果的に父の思いを引き継いだ形になったとも思います。

最後に、快く出版を引き受けてくれた論創社の森下紀夫社長に心からのお礼を申し上げます。七年前に翻訳書の出版でお世話になり、信頼できる出版集団の統率者だと承知していましたが、今回も引き続き適切なアドバイスをいただきました。

二〇二三年　八月二八日

杉本万里子

Journal of International Affairs, Vol. 70, No. 4, 2016
Foreign Relations of the United States (*FRUS*), 1964-1968, Vol. 26, Indonesia; Malaysia, Singapore; Philippines, Document 162, Editorial Note, Office of Historian, Department of State, https://history.state.gov/historicaldocuments/frus1964-68v26/d162
Harian Rakjat（インドネシア共産党機関紙の特別英語版。バンドン会議10周年記念行事の期間限定。1965年4月15～27日付）

2017, https://medium.com/afro-asian-visions/the-afro-asian-journalist-association-the-indonesian-left-and-the-print-culture-of-the-third-7f6463b185b0
——"Global reporting from the Third World: the Afro-Asian Journalists' Association, 1963-1974," *Critical Asian Studies*, Vol. 51, No.2, 2019 ①
（National Security Archive 関連）
Burr, William ed., NSA Briefing Book, No. 106（Nixon's Trip to China, Records now Completely Declassified, Including Kissinger Intelligence Briefing and Assurances on Taiwan), Posted December 11, 2003, Document 4（Memorandum of Conversation, 23 February 1972）NSA 3 と略、https://nsarchive2.gwu.edu/NSAEBB/NSAEBB106/NZ-4.pdf
Simpson, Brad ed., NSA Electric Briefing Book, No. 607（U.S. Embassy Tracked Indonesia Mass Murder 1965), Posted Oct. 17, 2017, https://nsarchive.gwu.edu/briefing-book/indonesia/2017-10-17/indonesia-mass-murder-1965-us-embassy-files
Document 12（Telegram 1425 from American Embassy Jakarta to Secretary of State, Secret, November 12, 1965） NSA 1 と略
Document 16（Airgram A-353, Joint Weeka, No. 45, from U.S. Embassy Jakarta to State, November 30, 1965） NSA 2 と略
（その他）
Chen Jian "China, the Third World, and the Cold War," in *The Cold War in the Third World*, Kindle Edition, edited by Robert J. McMahon, New York: Oxford Press, 2013
Richard Devetak, Tim Dunne and Ririn Tri Nurhayati, "Bandung 60 years on: revolt and resilience in international society," *Australian*

Afro-Asian Journalist, Vol.1, No.1（March 1964）-Vol.11, No.3（November 1974）

National Preparatory Committee of the Asian African Journalists' Association（1963）

——*Documents of the Asian African Journalists' Conference, DJAKARTA, April 24-30, 1963*

——*Programme of the Main Conference of the AA Journalists' Conference with the Compliments of P.N. FADJAR BHAKTI*

Progressive Indonesian Journalist, *Afro-Asian Journalists Strongly Condemn Reactionary Military Fascist Regime in Indonesia*（発行年月未記載）

The Secretariat of the Afro-Asian Journalists' Association（AAJA）

——*Documents of the Fourth Plenary Meeting*（*Enlarged*）*of the Secretariat of the Afro-Asian Journalists' Association, Peking*, 1966 ①

——*Documents of the 5th Plenary Meeting of the Secretariat of the Afro-Asian Journalists' Association, Peking*, 1967 ②

——*Statements of the Afro-Asian Journalists' Association*（*May 1966—March 1967*）, *Peking*, 1967 ③

—— *Carry the Great Revolution on the Journalistic Front through to the End*, 1968 ④

——*Call on All Afro-Asian Journalists to Mark the Afro-Asian Journalists' Day, April 24, 1968* ⑤

Zhou, Taomo（周陶沫）

——"The Archipelago Reporting Global: The Afro-Asian Journalists' Association, the Indonesian Left, and the Print Culture of the Third World, 1963-65," *Afro-Asian Visions*, posted November 14,

（その他）
辺東子『北京飯店伝奇』当代中国出版社、2009 年
馮驥才『一百個人的十年』文化藝術出版社、2021 年
何玉林　劉 群『国際友人在中国革命中』上海人民出版社、1985 年
曠 晨『我們的 1970 年代』中国友誼出版公司 、2006 年
劉仰東『紅底金字――六七十年代的北京孩子』中国青年出版社、2007 年
羅平漢『中国対日政策与中日邦交正常化――1949-1972 年中国対日政策研究』時事出版社、2000 年
穆広仁「毛沢東時代的国際報道」文革与当代史研究網、2020 年 7 月 9 日 https://difangwenge.org/forum.php?mod=viewthread&tid=18987&highlight=%C3%AB%D4%F3%B6%AB%CA%B1%B4%FA%B5%C4%B9%FA%BC%CA%B1%A8%B5%C0
秦九鳳「〝文化大革命〟期間周恩来為古典文学書籍解禁」周恩来記念網（主辦：人民網―中国共産党新聞網等）、2021 年 1 月 19 日 http://zhouenlai.people.cn/n1/2021/0119/c409117-32004664.html
王艶芝　秦江濤　編著『胡同里的老北京』星球地図出版社、2013 年
楊 翊「征文：為了難以忘懐的記念」壹読（来源：新華網、2015 年 10 月 30 日）https://read01.com/7B8LeL.html
逸名「文革中周恩来如何打消干部群衆対尼克松訪華的悪感？」環球網、2015 年 4 月 3 日、https://world.huanqui.com/article/9CaKrnJJwOz
中国人民解放軍総政治部編『毛主席語録』1966 年
中国新聞社編『廖公在人間』生活・読書・新知三聯書店香港分店、1983 年
盧学志、新華通信社撮影部編『廖承志的一生』新華出版社、1984 年

英語文献

（AAJA 関連）

店、2019 年

中国語文献

（AAJA 関連）
人民日報（中国共産党機関紙）
「亜非記協在印度尼西亜受到粗暴干渉」、1965 年 12 月 31 日
「亜非記協各常務書記撤離雅加達後来京会合」、1966 年 1 月 7 日
「亜非記協書記處発表声明」、1966 年 1 月 9 日
「祝亜非記協発揚戦闘伝統加強団結闘争」、1966 年 1 月 16 日
「亜非記協要高挙反帝旗幟闘争到底」、1966 年 1 月 16 日
「堅決反対粗暴干渉亜非記協内部事務――杉山市平介紹亜非記協書記處被迫撤離雅加経過」、1966 年 1 月 16 日
「毛沢東思想在阿拉伯日益深入人心――亜非記協友好代表団成員在京作訪問阿拉伯国家報告」、1967 年 12 月 30 日
「亜非新聞工作者団結戦闘的節日」――本報評論員、1971 年 4 月 24 日
「亜非新聞工作者協会書記處挙行集会」、1971 年 4 月 24 日
「我們的心緊緊連結在一起――訪問非洲七国観感」――中国記協代表団、1981 年 12 月 16 日
亜非新聞工作者協会書記處『亜非新聞工作者協会書記處第五次全会文件集』、1967 年
亜非新聞工作者協会書記處、中国人民対外文化友好協会上海市分会、上海新聞界革命造反委員会　主辦『亜非人民反帝漫画展』、1967 年
亜非新聞工作者協会書記処　『亜非人民反帝漫画選』 人民美術出版社、1967年
世界知識出版社編『亜非新聞工作者会議文件集』、1964年
万京華、王 会「万隆会議与亜非記協的創建」『中国記者』、2018 年第 11 期

張承志（小島晋治、田所竹彦訳）『紅衛兵の時代』岩波新書、1992 年
ディケーター・フランク（谷川真一監訳、今西康子訳）『文化大革命——人民の歴史　1962—1976』（上・下）人文書院、2020 年
鳥居英晴『国策通信社「同盟」の興亡—通信記者と戦争—』花伝社、2014 年
日本ジャーナリスト会議 40 年史刊行委員会（編）『ジャーナリスト運動の軌跡—日本ジャーナリスト会議の 40 年』（上）日本ジャーナリスト会議、1997 年
服部龍二『日中国交正常化——田中角栄、大平正芳、官僚たちの挑戦』中公新書、2011 年
馬場公彦『世界史のなかの文化大革命』平凡社新書、2018 年
プラシャド・ヴィジャイ（粟飯原文子訳）『褐色の世界史　第三世界とはなにか』水声社、2013 年
増田与『インドネシア』岩波新書、1966 年
宮城大蔵『「海洋国家」日本の戦後史』ちくま新書、2008 年①
————（編）『戦後日本のアジア外交』ミネルヴァ書房、2015 年
毛里和子『日中関係——戦後から新時代へ』岩波新書、2006 年
矢吹晋『文化大革命』講談社現代新書、1989 年
————「中国現代史再考——ロシア革命百年と文革五十年」明治大学現代中国研究所、石井智章、鈴木賢（編）『文化大革命〈造反有理〉の現代的地平』白水社、2017 年①
山本市朗『北京三十五年—中国革命の中の日本人技師』（下）岩波新書、1980 年
楊海英『「知識青年」の 1968 年——中国の辺境と文化大革命』岩波書店、2018 年
楊海英編『中国が世界を動かした「1968 年」』藤原書店、2019 年
楊継縄（辻康吾編、現代中国資料研究会訳）『文化大革命五十年』岩波書

2009年
マン・ジェームズ（鈴木主税訳）『米中奔流』共同通信社、1999年
佐藤百合『経済大国インドネシア　21世紀の成長条件』中公新書、2011年
杉山市平『インドネシア見聞記』私家版、1999年①
――――「さいきんのインドネシア」『AA通信』（ジャパン・プレス・サービス発行）No 405（1965年9月2日）②
――――「〝中間地帯〟大結集をねらう中国―周総理のAA諸国歴訪終わる」『エコノミスト』（1964年3月17日）
鈴木恒之『スカルノ―インドネシアの民族形成と国家建設』世界史リブレット人92、山川出版社、2019年
徐友漁（及川淳子訳）「文革とは何か」明治大学現代中国研究所、石井知章、鈴木賢（編）『文化大革命〈造反有理〉の現代的地平』白水社、2017年
高橋伸夫『中国共産党の歴史』慶應義塾大学出版会、2021年
高橋茂人「新制作座の1963年ジャワ・バリ訪問公演―日本・インドネシア民衆芸術交流序説―」『アジア太平洋討究』第20巻、2013年
唐亜明『ビートルズを知らなかった紅衛兵』岩波書店同時代ライブラリー9、1990年
田口三夫『アジアを変えたクーデター―インドネシア九・三〇事件と日本大使』時事通信社、1984年
竹内好「方法としてのアジア」『日本とアジア』（竹内好評論集、第三巻）、筑摩書房、1966年
武田雅哉『よいこの文化大革命　紅小兵の世界』廣済堂出版、2003年
武田泰淳、竹内実『毛沢東　その詩と人生』文芸春秋新社、1965年
段躍中（編）『春華秋實―日中記者交換40周年の回想』日本僑報社、2005年

参考文献（URLは、すべて2023年7月23日にアクセスしたので、以下、最終アクセスの日付は省略。）

日本語文献

青山瑠妙「文化大革命と外交システム」国分良成編『中国文化大革命再論』慶應義塾大学出版会、2003年
ウォング・ジャン（鈴木博訳）『レッド・チャイナ・ブルース—私の長征1970's~90's』（上）時事通信社、1997年
岡田晃『水鳥外交秘話—ある外交官の証言』中央公論社、1983年
大塚豊「中国—政治変動のはざまでゆれる教育」馬越徹（編）『現代アジアの教育—その伝統と革新』東信堂、1989年
王友琴、小林一美、佐々木恵子、劉燕子、麻生晴一郎（共編共著）『文革受難死者850人の記録』集広舎、2019年
キッシンジャー・ヘンリー・A（塚越敏彦、松下文夫、横山司、岩瀬彰、中川潔訳）『キッシンジャー回想録　中国』（上）岩波現代文庫、2021年
欣然（中谷和男訳）『中国最後の証言者たち』武田ランダムハウスジャパン、2011年
魏強「赤脚医者制度に関する一考察—現地調査の分析を中心に—」『ICCS現代中国学ジャーナル』第9巻2号、2016年
倉沢愛子『インドネシア大虐殺—二つのクーデターと史上最大級の惨劇』中公新書、2020年①
————『9・30　世界を震撼させた日—インドネシア政変の真相と波紋』岩波現代全書、2014年②
————「インドネシア九・三〇事件——犠牲者50年の痛み」川喜田敦子・西芳実編『歴史としてのレジリエンス：戦争・独立・災害（災害対応の地域研究）』京都大学学術出版会、2016年③
小池晴子『中国に生きた外国人　不思議ホテル北京友誼賓館』径書房、

杉本万里子（すぎもと・まりこ）

東京都生まれ。北京大学中文系文学専業卒。共同通信社記者、日中文化交流協会事務局員などを経て翻訳の仕事に従事。主な訳書に曹乃謙『闇夜におまえを思ってもどうにもならない――温家窰村の風景』（2016年）など。

わたしの二都物語――ジャカルタ、北京

2023年11月20日　初版第1刷印刷
2023年11月30日　初版第1刷発行

著　者　杉本万里子
発行者　森下紀夫
発行所　論 創 社
〒101-0051 東京都千代田区神田神保町 2-23　北井ビル
tel. 03（3264）5254　fax. 03（3264）5232　web. https://ronso.co.jp
振替口座　00160-1-155266
装幀／宗利淳一
印刷・製本／中央精版印刷　組版／フレックスアート
ISBN978-4-8460-2292-1　